Bernadette Maria Raab

Mein Freund Flew,

der alles kann und alles weiß

Andere Werke unseres Verlagsprogramms finden Sie
am Schluss dieses Buches verzeichnet.

Text: Bernadette Maria Raab
Das Urheberrecht des folgenden Bildes liegt bei
dem Fotografen von fotolia.com:
child holding balloons standing in front of fantasy storm

ISBN 978-3-945019-86-3
Neuauflage 2015

Bearbeitung und Satz:
Die Hinterhofagentur
www.hinterhofagentur.de

Vorwort

Flew, der Held des Buches, beherrscht die Elemente. Sie sind ihm untertan und dienen ihm, solange er Gutes bewirkt und die Kräfte nicht missbraucht. Doch Flu, (Flew) dessen Name aus den Anfangsbuchstaben der Elemente (Feuer, Luft, Erde, Wasser) besteht, ist in seiner Entwicklung soweit fortgeschritten, dass für ihn kein Übel mehr existiert.

Flus Dasein auf dem Planeten Erde ist voller Überraschungen. Seine Taten scheinen abenteuerlich, märchenhaft oder utopisch. Vielleicht sind sie aber auch weder das eine noch das andere, sondern Tatsachen, die sich vor langer, langer Zeit, mag sein auch gestern abgespielt haben oder sich heute oder morgen abspielen werden!

Neues ist im Kommen! Was gestern noch Utopie, ist heute bereits Tatsache. „Bei den Kindern müssen wir beginnen, um eine bessere Welt zu bauen!", hat einmal ein weiser Mann gefordert!

Die Autorin

„Science Fictions, auch für Kinder, können dazu dienen, unser Bewusstsein auf die Neue Zeit vorzubereiten, in welcher vieles wahr werden wird, was wir bis heute als bloße Spinnereien abtun!

Selbstlose Liebe ist der Schlüssel für das kommende Zeitalter. Es wird sich durch Menschen zeigen, die das Leben auf der Erde völlig verändern.

Kinder werden darin eine große Rolle spielen als Avatare des Lichts!!"

Jo Konrad

Mein Name ist Florian Wolke. Das muss sich einer vorstellen! Kein Wunder, dass mich die Kinder in der Schule hänseln. Aber das macht mir nichts aus. Ich bin neun Jahre alt und kann mich wehren.

„Du bist ein fauler Knochen, Florian Wolke!", sagt mein Klassenlehrer in immer kürzer werdenden Abständen. Was das auch heißen mag, es ist eine Gemeinheit! Muttis Gäste hingegen behaupten, ich sei ein sehr aufgewecktes Kind. Das gefällt mir schon besser.

Mutti besitzt eine Frühstückspension. Sie hat immer alle Hände voll zu tun. Vati kann ihr nicht helfen. Er geht nämlich jeden Morgen aus dem Haus, um Kochtöpfe zu verkaufen. Vati würde viel lieber kochen. Das hat er gelernt, behauptet er. Aber ihm fehlt der Job. Unsere Gäste müssen sich das Mittag- und Abendessen woanders suchen, weil es bei uns nur Frühstück gibt. Mutti kann sich keine Angestellten leisten. Aber unsere Gäste sind mittags und abends genauso hungrig, obwohl das nicht gesund ist. Ich meine das viele Essen. Das hat jedenfalls Herr Braunen zu seiner dicken Frau gesagt. Die beiden sind bei uns Sommergäste. Ich mag Herrn Braunen sehr. Seine Frau ist eine Wetterhexe. Das hat er mir anvertraut. Ich darf es aber nicht weitersagen.

Ehrlich, ich möchte wissen, wer die Erwachsenen erfunden hat. Die meisten benehmen sich komisch und meckern ständig herum. Sie haben ein Recht dazu, glauben sie, weil sie einige Zentimeter größer sind als wir Kinder.

Einen kleinen Bruder habe ich auch. Er ist vier und heißt Christoph Wolke. Aber alle Welt ruft ihn Cri. Das passt auch besser zu ihm. Er ist nämlich spindeldürr und ein kleiner Schadenteufel. Meine Freizeit kann ich nie so recht genießen, weil er ständig an meinem Rockzipfel hängt. Es ist mir unerklärlich, wie so ein unmögliches Kind in unsere Familie geraten konnte. Vielleicht hat der Storch die Hausnummer verwechselt oder das Baby ist ihm aus dem Schnabel gefallen und vor unserer Haustür gelandet. Als ich Mutti danach fragte, wurde sie sehr böse. Man wird wohl noch fragen dürfen! Es könnte ihn auch ein Gast vergessen haben. Absichtlich natürlich. Oder Papi hat ihn geschenkt bekommen.

Mutti bestreitet alles. Sie behauptet: Cri sei mein leiblicher Bruder. Und ich wisse genau, dass nicht der Storch die kleinen Kinder bringt. Natürlich weiß ich das. Aber es gibt doch andere Möglichkeiten, wie ich zu meinem kleinen Bruder gekommen bin. Doch mir sagt ja keiner was. Ich muss mir immer meine eigenen Gedanken machen. Und dann ist es auch nicht recht. Da soll sich noch einer auskennen.

Vati glaubt, Cri ist deshalb so aus der Art geschlagen, weil sich bei ihm ein falsches Gen eingenistet hat. Wer dafür verantwortlich ist, kann er mir auch nicht sagen. Cri ist nicht nur furchtbar wehleidig, sondern auch jähzornig. Vati und ich sind geduldig wie zwei alte Esel, wenn man uns nicht zu sehr reizt. Mami ist zu Cri immer besonders lieb, weil er noch so klein ist. Leider hat sie es manchmal mit den Nerven. Das ist kein Wunder bei diesen Gästen.

Mami möchte alle ihre Wünsche erfüllen, damit diese Nervensägen nächstes Jahr ganz bestimmt wiederkommen. Ab und zu sind auch besonders nette Gäste dabei. Herr Braunen ist mir ungeheuer sympathisch.

Am liebsten mag ich Katja. Sie wohnt im Nachbarhaus und ist acht Jahre alt. Katja hat pechschwarze Haare und strahlende Augen. Sie ist schön. Im Gegensatz zu meinem Bruder Cri mit seiner aufreizend frechen Himmelfahrtsnase, den vielen Sommersprossen und den abstehenden Ohren. Seine gelbe Stoppelfrisur ist so widerspenstig wie er selbst. Sie lässt sich nicht einmal mit einer echten Borstenbürste bändigen. Cris Arme und Beine sind viel zu lang und zu dünn. Wenn er zornig ist, spuckt er durch seine vordere Zahnlücke und trifft mich meist ins Gesicht.

Cri hat große hellblaue Augen, die bei der geringsten Kleinigkeit überlaufen. Dadurch will er Mutti ganz für sich gewinnen. Wenn Cri weint, kommt sie sofort gelaufen, nimmt ihn in die Arme und tröstet ihn. Sie merkt gar nicht, dass Cri jederzeit weinen kann und dieses Talent schamlos ausnutzt. Wenn Cri heult, bin immer ich schuld. Ich kann meinen kleinen Bruder nicht besonders gut leiden. Deshalb wünsche ich mir schon lange einen Freund. Meine Omi sagt, wenn man sich etwas ganz fest wünscht und nicht davon ablässt, geht der Wunsch irgendwann in Erfüllung.

Ein besserer Hausgenosse als mein kleiner Bruder ist unser Bernhardiner. Er heißt Sunbeam. Warum weiß ich nicht. Aber für jene, die nicht Englisch können, möchte ich es erklären. Sunbeam wird sanbim ausgesprochen. Das behauptet jedenfalls die Lehrerin. Sunbeam heißt übersetzt Sonnenstrahl. Ich kann mir keinen Sonnenstrahl vorstellen, der so schwer ist wie unser Bernhardiner. Aber Hunde, Katzen und Babys können sich nicht wehren, wenn ihnen von den Erwachsenen komische Namen gegeben werden.

Manchmal reitet Cri auf Sunbeam. Das tut er aber nur, wenn ihm unsere Gäste zugucken. Er ist ein richtiger Angeber. Sunbeam lässt sich so ziemlich alles gefallen. Wird es ihm doch einmal zu bunt, verkriecht er sich irgendwo und verschläft den Rest des Tages.

Frau Braunen ist eine Deutsche, die keine Hunde mag. Das ärgert Cri. Mich natürlich auch. Frau Braunen spricht sehr schnell wie die meisten Deutschen. Ich verstehe kaum die Hälfte. Vati sagt, dieses Tempo käme davon, weil die Deutschen die Rakete erfunden haben. Papi weiß natürlich auch nicht alles. Das wiederum behauptet Mutti. Um Sunbeam an Frau Braunen zu rächen, hat sich Cri etwas ausgedacht. Wenn die Dame ihr Zimmer verlässt, lauert ihr Cri irgendwo auf. Dann springt er sie von hinten an und bellt wie ein Hund.

Frau Braunen regt sich jedes Mal furchtbar auf und droht, auf der Stelle abzureisen. Aber da macht ihr Ehemann nicht mit. Er fühlt sich nämlich pudelwohl auf unserer Farm, wie er so schön sagt. Herr Braunen ist das Gegenteil von seiner Frau. Stets freundlich, zu jeder Gaudi aufgelegt und nichts und niemand kann ihn beleidigen. Herr Braunen lacht viel. Das ist äußerst ansteckend. Nur nicht für seine Frau. Sie macht immer ein Gesicht, als ob sie gerade eine Schreckensnachricht erhalten hätte. Herr Braunen spielt oft mit Sunbeam. Er redet auch mit ihm. Aber der Hund reagiert nicht. Sunbeam ist nämlich auch Österreicher und den Redefluss vieler Deutscher nicht gewohnt. Wir Österreicher haben es beim Sprechennicht so eilig.

Manchmal nimmt mich Herr Braunen mit auf seine Entdeckungsreisen. Was er eigentlich sucht, weiß er selbst nicht. Er hofft etwas zu finden, was vor ihm noch keiner gefunden hat. Fast immer pfeift er fröhlich vor sich hin. Herr Braunen kann ganz toll pfeifen.

„Das möchte ich auch können", gestehe ich ihm voll Bewunderung.

„Ich werde es dir beibringen, mein Sohn", verspricht er.

Das finde ich ausgesprochen nett von ihm. Ich verstehe nur nicht, warum er mein Sohn zu mir sagt? Ich kann mich nicht erinnern, dass er einmal mein Vater gewesen sein soll.

Die nächsten vierzehn Tage übe ich mich im Pfeifen. Ich pfeife am Tag und sogar in der Nacht, wenn ich schon mal aufwache. Das heißt, ich versuche zu pfeifen. Leider bringe ich bis jetzt nur peinliche Laute zustande. Aber ich gebe nicht auf.

Meine Mutti ist Taufpatin geworden. Wir müssen alle mit in die Kapelle. Nicht einmal Vati darf sich drücken. Mami ist mit Cri und den neuen Verwandten voraus gefahren. Vati und ich kommen zu spät. Das trägt uns einen vorwurfsvollen Blick von Mutti ein. Alle Plätze in der kleinen Kapelle sind bereits besetzt. Vati macht ein langes Gesicht. Schließlich muss er die ganze Woche fleißig arbeiten und auf den Beinen sein.

In der Kapelle möchte er wenigstens ausruhen. Eine Frau mit einer Hochgebirgsfrisur schaut zu uns her. Sie blinzelt meinem Vater zu. Dann drückt und drängt sie so lange, bis ein Platz frei wird. Flugs ist Vati dort und setzt sich. Ich steige über ihn und quetsche mich zwischen Vati und die freundliche Dame. Es ist ziemlich unbequem.

Die Zeremonie dauert eine Ewigkeit. Das Baby schreit so laut es nur kann. Kein Wunder, der Herr Pfarrer gießt dem Säugling ungerührt kaltes Wasser über den Kopf. Das Kind tut mir leid. Es kann sich nicht wehren. Am liebsten wäre ich nach vorne gesprungen und hätte die Kleine gerettet. Aber ich habe mich dann doch noch besonnen. Einer gegen so viele. Das kann nicht gut gehen. Alle, die um das Kind herum stehen, lächeln verzückt, obwohl das Baby noch immer schreit. Cri steht neben Mutti und ist ebenfalls ganz hingerissen.

Das eingeengte Sitzen wird immer unerträglicher. Die Arme halte ich nach vorne gestreckt, weil dort, wo sie hingehören, kein Platz ist.

Durch das bunte Kapellenfenster fällt plötzlich ein Sonnenstrahl. Ein wunderschönes Farbenspiel entsteht. Meine Gedanken beginnen zu wandern. Die lustigen Spaziergänge mit Herrn Braunen fallen mir ein. Mein Mund spitzt sich ganz von selbst. Urplötzlich löst sich ein durchdringender Pfiff von meinen Lippen. Donnerwetter! Ich habe es geschafft! Endlich, nach so langem Üben.

Herr Braunen wird stolz auf mich sein. Vaters gewaltiger Rippenstoß unterbricht meine helle Gedankenwelt. Als ich mich umschaue, sind alle Augen auf mich gerichtet. Soviel Aufmerksamkeit erlebe ich selten. Sogar der Pfarrer hat zu reden aufgehört und starrt mich an. Einige Leute schauen böse, andere kichern. Ich senke den Kopf, so tief ich es vermag und tue, als ob ich mich schäme. Aber ich bin mächtig stolz auf mich. So einen Pfiff landet man nicht alle Tage. Um nicht noch einmal in Versuchung zu kommen, halte ich mir den Mund zu.

Zu Hause gibt es ein Donnerwetter. Und das nur wegen einem einzigen Pfiff. Es war keine Absicht. Er ist mir einfach entschlüpft.

Als ich Herrn Braunen die ganze Geschichte erzähle, fängt er ganz fürchterlich zu lachen an und kann nicht mehr aufhören. Er hält sich seinen dicken Bauch und ist krebsrot im Gesicht. Ich muss einen Arzt rufen, denke ich, damit er nicht erstickt. Aber dann geht doch noch alles gut aus. Cri kommt von irgendwoher und springt Herrn Braunen von hinten an. Er erschrickt fürchterlich und hört zu lachen auf. Cri hat ihm tatsächlich das Leben gerettet.

Die großen Ferien verbringen Cri, Sunbeam und ich bei unseren Großeltern. Das kleine Waldhaus liegt einige Kilometer von unserer Frühstückspension entfernt. Mein Opa heißt Willi Wolke und meine Omi Erni, auch Wolke, weil sie meinen Opa geheiratet hat. Omi ist sehr klein und dünn, aber unheimlich lieb. Ich würde sie für nichts in der Welt eintauschen.

Opa nennt das Waldhaus seine Arche. Vati meint, die Arche sei viel zu alt, um darin zu wohnen. Er würde das Haus am liebsten abreißen und ein neues bauen. Aber das lassen Opa und Omi niemals zu. Sie haben recht. Es ist nämlich nirgends so gemütlich wie in der Arche und in Omis Blumengarten.

Hinter der Arche gibt es viel dunklen Wald. Dorthin gehen wir mit Omi, um Schwammerl zu suchen und Beeren zu sammeln. Auf der Vorderseite der Arche, aber in einiger Entfernung sprudelt ein Bach. Das ist mein Lieblingsplatz.

Katja und ich sind oft da. Cri natürlich auch. Wir schleppen Steine, bauen ein Kraftwerk oder Burgen aus Lehm und Sand. Manchmal haschen wir mit den Händen nach Fischen, die es gar nicht gibt. Dann wieder ärgern wir uns über Cri, der fast ständig heult oder sonst irgendwie nervt. Einmal stößt er sich an einen Stein, dann rutscht er im Wasser aus oder er fürchtet sich vor einer Biene, die vorüber fliegt.

Mein kleiner Bruder brüllt dann solange, bis Omi gelaufen kommt und mir Vorwürfe macht. Hört Cri nicht auf zu schreien, nimmt sie ihn mit in die Arche und gibt ihm ein Stück Extrakuchen. Katja und ich können dann in Ruhe unser Bauwerk endlich vollenden.

Meist dauert unser Glück nicht sehr lange. Cri kommt wieder gelaufen. Eine Minute nicht aufgepasst und schon ist wieder etwas kaputt. Diesmal springt Cri mitten in unser Wasserkraftwerk, um sich zu ertränken, wie er behauptet. Aber das Wasser reicht ihm kaum bis zu den Knöcheln.

Katja ist geduldig wie ein Maultier. Sie steht da und schaut zu, wie unsere harte Arbeit zerstört wird. Ich würde Cri am liebsten den Kopf abreißen. Aber Katja meint, wir sollen Cris Kopf lieber dort lassen, wo er jetzt ist, denn ohne Kopf wäre mein kleiner Bruder noch unausstehlicher, als er es ohnehin schon ist. Wir müssten ihn dann auch noch ständig an der Hand halten und ihn herumführen. Katja hat recht. Das sehe ich ein. Frauen haben immer recht. Das behauptet Vati jedes Mal, wenn er mit Mutti wieder ein aufregendes Gespräch geführt hat.

Wenn Katja nicht kommen kann, fühle ich mich sehr einsam. In der Schule ist wenigstens in den Pausen etwas los. Dafür sorgen wir schon. Obwohl unsere Großeltern sehr lieb zu uns sind, können sie sich nicht immer nur mit uns beiden beschäftigen. Omi hält die Arche blitzsauber, auch in Küche und Garten gibt es viel zu tun. Außerdem läuft sie Sunbeam ständig mit einer Bürste hinterher, denn seine Haare sind überall.

Opa steckt meist in seiner Werkstatt. Er war von Beruf Tischler. Seit er in Pension ist, schnitzt er Figuren. In Opas Werkstatt fliegen Späne. Sind genug geflogen, kehrt sie Opa zu einem großen Haufen zusammen. Manchmal kriecht Cri hinein, um sich zu verstecken. Der erste Mal haben wir stundenlang nach ihm gesucht. Omi hat sich so aufgeregt, dass wir den Doktor holen mussten. Sie erhielt eine Beruhigungsspritze. Als Cri wieder zum Vorschein kam und es Omi wieder besser ging, hat sie ihn in die Arme genommen und vor Freude geweint. Cri schmiegte sich scheinheilig an sie, weil er wusste, dass wieder ein extra Stück Kuchen fällig ist. Ich bin der einzige, der meinen kleinen Bruder durchschaut. Aber ich zähle ja kaum in dieser Familie.

„Du musst das verstehen, Florian!", sagen sie alle, wenn es um Cri geht. „Er ist ja noch so klein!"

Ich wünsche mir einen Freund! So einen, wie ich selber bin. Einen Freund, mit dem ich alles besprechen kann und der mich genauso lieb hat, wie andere Cri lieb haben.

Als Katja und ich wieder einmal ganz vertieft in unsere Wasserspiele sind, wundern wir uns, dass es so still geworden ist. Cri ist verschwunden. Vielleicht ist er nach Hause gelaufen, denke ich. Darüber freuen wir uns und spielen fröhlich weiter.

Als ich am späten Nachmittag in die Arche komme, liegt Cri auf dem Sofa und hält mir die rechte Hand mit einem dicken Verband entgegen. Dazu macht er ein sehr leidendes Gesicht.

„Ich habe keine Schuld, Omi! Cri ist einfach verschwunden."

„Das ist es ja“, meint Großmutter vorwurfsvoll, „Du hast wieder einmal nicht auf ihn aufgepasst!“

„Was hat er denn?“, frage ich lauernd. „Ich wette, ihm fehlt gar nichts! Cri spielt Theater. Das tut er doch immer.“

„Cri hat Schmerzen im Handgelenk. Wahrscheinlich eine Verstauchung“, meint Omi besorgt.

Mein kleiner Bruder grinst von einem Ohr zum anderen. Ich weiß, dass er sich wieder etwas ausdenkt, um mich zu ärgern. Jetzt sieht er tatsächlich wie ein böser Kobold aus. Plötzlich fängt er zu schreien an. Ganz fürchterlich zu schreien. Wer meinen kleinen Bruder einmal schreien gehört hat, vergisst das nie mehr. Und wieder versucht Oma, ihn zu beruhigen. Sie nimmt Cri in die Arme und wiegt ihn wie ein Baby hin und her. Er hört zu schreien auf und grinst mich über ihre Schulter an. Eine Riesenwut steigt in mir hoch. Ich kann sie fühlen. Dann höre ich Omi sagen:

„Wenigstens schämst du dich, Florian. Du bist ja rot wie eine Tomate.“

„Wofür sollte ich mich schämen, Omi?“ Ich fühle mich hilflos, allein gelassen und furchtbar wütend. „Heute Nacht schlafe ich bei Katja!“, brülle ich. „Morgen und übermorgen auch! Hier kann mich ja doch keiner leiden!“

Als ich bei Katja ankomme, bin ich völlig außer Atem vom schnellen Laufen. Sie hat mich schon von weitem entdeckt und kommt mir entgegen. Sofort erzähle ich ihr meine Leidensgeschichte. Ich bin froh, dass Katja schon bei mir ist. Allein kommt nämlich kein Fremder in den Garten ihrer Eltern. Es gibt da den Hahn Ferdl, der die Aufgabe des Wachhundes übernommen hat. Der braunen Dackelhündin Fiffi hingegen ist jeder Einbrecher recht. Zumindest tut sie nichts dagegen. Ferdl hingegen fliegt einem Eindringling auf den Kopf und pickt so lange auf ihn ein, bis er die Flucht ergreift.

„Fiffi und Ferdl haben vertauschte Seelen", erklärt Katjas Mutti, die zu uns in den Garten gekommen ist.

„Wieso?"

„Nun, Ferdl erledigt die Aufgabe von Fiffi. Der Dackel wiederum hat mit den Hühnern Freundschaft geschlossen. Er liegt mit ihnen in der Sonne, holt sich ihre Eier aus den Nestern und lässt es sich gut gehen."

„So ein Schlawiner!", staune ich.

In Katjas Elternhaus wohnt auch noch die Katze Emmy und der Kater Hansi. Beide liegen meist faul in der Sonne und hoffen, dass andere ihre Arbeit tun.

Wir stehen noch immer im Garten, als Opa auftaucht. Er erklärt Katjas Mutter meinen Ausriss. Dann reden beide liebevoll auf mich ein. Schließlich bin ich bereit, wieder mit Opa nach Hause zu gehen.

„Wir haben dich alle genauso lieb wie Cri", beteuert Opa und legt seinen Arm um meine Schulter. „Das musst du mir glauben, Flori!"

Ich sehe ja ein, dass Cri noch klein ist. Und ich weiß auch, wie viel Arbeit Mami hat. Papi ist ja kaum zu Hause.

„Ich habe euch auch alle lieb", gebe ich zu. „Sogar Cri, wenn er nicht gerade brüllt."

Opa und ich reden, bis die Arche in Sicht ist. Einige Leute stehen in der Nähe. Immer wieder wird die Arche von Sommergästen bestaunt. Darüber freuen sich meine Großeltern sehr. Da uns die Leute fremd sind, bleiben wir stehen und horchen was sie zu sagen haben.

„Dieses Waldhäuschen ist eine Sehenswürdigkeit! So etwas gibt es nur noch ganz selten. Bestimmt steht es unter Denkmalschutz. Man kann nur hoffen, dass es der Nachwelt erhalten bleibt."

Solche Gespräche machen Opa sehr froh. Wir hätten noch gerne länger zugehört. Aber eine besorgte Omi kommt aus der Arche und hält nach uns Ausschau. Als sie uns entdeckt, sehe ich, wie sehr sie sich über meine Rückkehr freut.

An diesem Abend nimmt sich Großmama viel Zeit nur für mich. Sie meint, jeder muss das Leben ertragen, so wie es kommt. Schließlich könne ich nichts dafür, dass mir gerade Cri als Bruder zugeflogen sei. Wer dafür verantwortlich ist, kann mir Oma auch nicht sagen. Deshalb wünsche ich mir wieder einmal ganz fest einen Freund. Wir könnten dann zusammen Nachforschungen anstellen und Omi alles erklären.

Ein Lichtblick an diesem Abend ist Omis Kuchen mit Schlagsahne. Ich verdrücke gleich zwei Stück. Cri mampft natürlich drei.

„Wir können Cri mit der Mehlspeise nicht allein lassen", sagt Omi. „Er würde so lange essen, bis er tot umfällt. Und trotzdem ist er noch immer spindeldürr. Wo isst der Kleine das nur hin?"

„Das möchte ich auch wissen. Aber bei Cri ist immer alles anders als bei normalen Menschen", behaupte ich. Diesmal widerspricht mir Omi nicht. Und das ist schon ein kleines Wunder.

An diesem Abend schickt uns Omi früh zu Bett. Cri beginnt, wie immer, sofort zu schnarchen. Ich liege noch lange wach. Der Mond scheint zum kleinen Fenster herein und ich sehe einige Sterne blinken.

Meine Gedanken sind bei Katja. Sie zieht mit ihren Eltern und den Tieren in ein anderes Dorf. Vielleicht sehe ich sie nie wieder. Das stimmt mich traurig, weil ich noch immer keinen Freund gefunden habe. Mit Cri allein hält es auf Dauer nicht einmal der friedliebendste Indianer aus. Und die sind ja einiges gewohnt. Ich nehme mir vor, Plätze ausfindig zu machen, wo mich Cri nicht findet. Eigentlich will ich nicht an mein Brüderlein denken. Aber er ist immer da, auch wenn er einmal nicht körperlich anwesend ist. Trotzdem liegen lange Ferien vor mir. Keine Lehrer, keine Hausaufgaben, keine Fragen von Mutti:

„Hast du schon..."

Es gäbe nur Spiel und Spaß, wenn ich endlich einen Freund hätte, der zu mir passt. Meine Sehnsucht wird immer größer. Außerdem musste ich Mutti versprechen, mit Opa ab und zu Deutsch zu üben, weil sich in mein Zeugnis ein ‚nicht genügend' eingeschlichen hat. Für mich unverständlich. Schließlich hält mich fast jeder, mit dem ich zu tun habe, für ein aufgewecktes Kerlchen.

„Manchmal zu aufgeweckt!", behaupten die Lehrer. Aber die wissen ja sowieso immer alles besser.

Leider ist ihre Unzufriedenheit mit mir beinahe ein Dauerzustand. Meine Strafe für den Fünfer ist ohnehin hart genug ausgefallen. Vati hat nämlich ziemlich lange auf meinen Hosenboden geklopft. Ich sehe ja ein, dass ich im verflossenen Schuljahr nicht gerade fleißig war. Aber ich habe Besserung versprochen und deshalb will ich in nächster Zeit keine Gedanken mehr an Schule und Zeugnis verschwenden. Meine Ferien bei den Großeltern könnte ich richtig genießen, wenn Cri nicht ständig hinter mir her wäre. Aber er ist nun mal mein kleiner Bruder, obwohl wir uns kein bisschen ähnlich sehen.

Omi guckt zur Tür herein.

„Warum schläfst du denn noch immer nicht, Flori?"

„Ich baue Luftschlösser!"

„Dann vergiss die Alarmanlage nicht", kichert Omi und wünscht mir eine gute Nacht.

Bald darauf muss ich wohl eingeschlafen sein.

Am nächsten Morgen weckt mich die Morgensonne, die durch das kleine Fenster strahlt. Ich springe aus dem Bett. Und flugs bin ich noch im Pyjama draußen im Garten. Großmama ist schon mit ihren Blumen beschäftigt. Ich bin eben dabei, ihr einen guten Morgen zu wünschen, als Cri, wie ein wild gewordener Kater, auf Omis Rücken landet. Jemand zu erschrecken ist Cris Lieblingsbeschäftigung.

Omi wäre sicher nach vorne gekippt, hätte ich sie nicht aufgefangen. Wie immer wird Cri jeder Blödsinn verziehen.

Die Sonne, eine fröhliche Omi, ein gutes Frühstück, welch wundervoller Start in einen neuen Tag. Aber wie immer hat das Leben zwei Seiten. Das behauptet Vati, wenn bei ihm etwas schief läuft. Meine dunkle Seite an diesem Morgen ist Opas Frage nach dem Zeugnis. Dies ist mir ungeheuer peinlich. Er weiß also Bescheid. Ich lasse den Kopf hängen und warte auf Opas Strafpredigt. Aber ich warte umsonst. Statt dessen sagt er:

„Davon geht die Welt auch nicht unter. Der Einstein soll in Mathe durchgefallen sein. Du weißt, was aus ihm geworden ist."

Ich habe nicht die geringste Ahnung, wer Einstein ist. Aber Opas Verteidigungsrede macht mir Mut. Ich wage wieder geradeaus zu schauen und fange an, das Frühstück ganz besonders zu genießen.

„Einstein ist ein berühmter Physiker geworden", erklärt Omi. „Vielleicht wird unser Flori einmal ein weltbekannter Schriftsteller."

„Bis dahin bleibt ihm noch eine Menge Zeit, um die Rechtschreibung zu üben", meint Opa.

Cri springt vom Sessel und trippelt von einem Bein auf das andere.

„Was ist mit dir, Kleiner?“, ängstigt sich Omi. „Du wirst mir doch nicht schon wieder die Hose füllen? Lauf! Du weißt ja, wo die Toilette ist.“

„Aber ich muss doch gar nicht!“, wehrt sich Cri.

„Dann hör endlich auf, so herumzutrippeln! Was willst du dann?“

„Hinunter zum Bach!“, kreischt Cri und rennt los.

Ich sofort hinterher.

„Bringt zum Mittagessen genügend Hunger mit“, ruft uns Omi nach.

Uns Hunger zu wünschen ist völlig unnötig. Ich kann mich nicht erinnern, einmal nicht hungrig gewesen zu sein.

Unten am Bach beginne ich sofort mit dem Bau einer Sandburg, die ich mit Steinen umrunden möchte, damit sie für Feinde uneinnehmbar wird. Langsam nimmt meine Burg Formen an. Cri schleppt kleinere Steine herbei und ich wundere mich, dass es noch kein Heulkonzert gegeben hat.

„Siehst du, Cri“, versuche ich ihn bei Laune zu halten, „unsere Burg wird ein Prachtbau. Jeder Burgherr wird vor Neid grün anlaufen, wenn er sie sieht.“

„Warum grün, Flori?"

„Lügner und Neider werden grün im Gesicht", versuche ich zu erklären.

„Wirklich, Flori?"

„Ja, ja, du kannst es mir glauben."

Ich merke sogar aus der Entfernung, dass Omi immer wieder ans Küchenfenster geht, um nachzusehen, ob wir noch am Leben sind. Als eine Biene versucht, sich näher mit Cri zu beschäftigen, beginnt er zu schreien. Die Biene ist längst über alle Berge, aber mein kleiner Bruder hört nicht auf zu kreischen und sich zu fürchten. Schon kommt Omi gelaufen. Sie rennt wie ein Wiesel. Das gelingt ihr nur, weil sie so klein und dünn ist.

Omi reißt den brüllenden Cri in ihre Arme und sie nimmt ihn mit in die Arche und tut, was sie in solchen Fällen immer macht. Sie klebt ihm ein Hansaplast auf die nicht vorhandene Bienenstichwunde. Als Cri noch immer nicht zu schreien aufhört, nimmt sie eine Mullbinde und wickelt den Arm damit ein. Da Cri durch lautes Heulen sehr müde wird, legt ihn Omi aufs Sofa, wo er dann einschläft.

Inzwischen habe ich meine Sandburg fertig gebaut und bin mächtig stolz. Vielleicht sollte ich statt Schriftsteller besser Architekt werden? Als Architekt brauche ich nur zu zeichnen. Mein schlechtes Deutsch spielt dann keine Rolle. Reden kann ich ja.

„Und das manchmal viel zu viel!", behauptet Großmutter. Aber sie meint es nie böse. Omi ist nämlich die beste von der ganzen Welt. Und die ist groß. Die Welt, meine ich.

Ich setze mich ins Gras, um mich von den anstrengenden Bauarbeiten ein wenig auszuruhen. Noch liegt ein sonniger Vormittag vor mir. Ich grüble nach, was ich unternehmen soll. Eine Sandburg am Tag ist genug. Der Mensch braucht Abwechslung. Da fällt mir der kleine Teich drüben am Waldrand ein. Dort gibt es Kröten und Frösche, Libellen und Schmetterlinge. Auch einige Seerosen. Sogar eine Wasserschlange wohnt im Teich. Diese ist aber völlig ungefährlich. Cri fürchtet sie trotzdem. Vielleicht habe ich heute Glück und er bleibt am Nachmittag in der Arche.

„Florian!" Großvaters Stimme reißt mich aus meinen Überlegungen. „Mittagessen!"

Das lasse ich mir nicht zweimal sagen und sause los. Sunbeam hinter mir her. Er ist schneller. Das ärgert mich. Aber der Hund hat vier Beine und ich nur zwei. Jetzt erst merke ich, wie hungrig ich bin. Als ich ankomme, bin ich außer Atem vom schnellen Laufen. Auch Sunbeam lechzt und keucht. Seine lange Zunge hängt ihm aus dem Maul. Rasch setze ich mich zu Tisch und warte voll Ungeduld auf einen vollen Teller. Omi schaut mich forschend an und sagt:

„Flori! Wie sehen deine Hände und das Gesicht aus?"

Diese Frage finde ich völlig unnötig. Omi sieht doch, wie ich aussehe. Meine Hände sind von der Arbeit erdig. Das Gesicht sieht wahrscheinlich auch nicht besser aus, da ich mir ja ständig die Schweißperlen abwischte, während ich mit dem Bau beschäftigt war. Ich sehe ein, dass ich nicht drum herum komme. Also springe ich auf und sause hinaus zum steinernen Waschtrog. Als ich zurückkomme, trommelt Opa mit den Fingern auf die Tischplatte. Ich denke, er ist auch schon ziemlich hungrig.

„Hast du Reißmatismus?", fragt Cri, der auch schon ungeduldig auf einen vollen Teller wartet.

„Nein!", meint Opa verärgert. „Ich habe Hunger, Erni! Mein Frühstück ist heute daneben gegangen."

„Ich weiß, Willi! Dein Ei hat gestunken. Aber da kann ich nichts dafür. Ich hab's ja nicht gelegt."

Es duftet wunderbar nach Bohnengulasch. Dazwischen schwindelt sich der Geruch von Gebackenem ein. Torte mit Schlagsahne. Ich kann an nichts anderes mehr denken.

„Bohnengulasch!" Opa ist nicht gerade erfreut darüber. „Ziemlich explosiv", fügt er hinzu.

Was er wohl damit meint? Aber ich bin viel zu hungrig, um weiter danach zu forschen. Das Wasser läuft mir im Mund zusammen. Ich schiele auf die Anrichte, wo die

Torte auf uns wartet. In Nullkommanix habe ich meinen Teller geleert und warte auf die Nachspeise. Leider muss ich mich gedulden, bis alle fertig gegessen haben. Cri verschlingt noch einen zweiten Teller mit Omis Bohnengulasch. Daher die Zeitverschiebung.

Endlich ist es dann soweit. Omi stellt die Torte auf den Tisch. Cris Augen sind beinahe so groß wie Zitronenscheiben, nur blau. Auch ich rutsche auf dem Sessel unruhig hin und her.

Opa beobachtet uns und lacht. Ganz plötzlich macht er ein ernstes Gesicht. Aber ich glaube, er tut nur so.

„Einige Übungsstunden müssen eingeplant werden, Flori! Ich musste es deiner Mutti versprechen", brummelt er.

Ich versuche, ein trauriges Gesicht zu machen. Aber es will mir einfach nicht gelingen. Die Torte vor mir vertreibt alle trüben Gedanken. Außerdem vergisst Großpapa meist seine Drohungen. Absichtlich natürlich.

Kaum hat Cri zwei Stück Torte verschlungen, beginnt er zu gähnen. Also schöpfe ich Hoffnung, den Nachmittag ohne ihn verbringen zu können.

„Du wirst dich eine Weile hinlegen, Cri", bestimmt Omi. „Die Luftveränderung, der volle Bauch, das ständige Herumtollen, das alles macht müde. Außerdem musst du dich ja auch noch vom Bienenstich erholen."

„Da hattest du sicher große Schmerzen", bedauert Opa seinen wehleidigen Enkel.

Jeder sieht, wie stolz Cri auf seinen Bienenstichverband ist. Er gähnt schon wieder und das ziemlich ausgiebig. Es sieht aus, als ob er gleich vom Stuhl kippt. Omi springt auf und trägt ihn zum Sofa. Cri schläft auf der Stelle ein. Sunbeam erhält den Auftrag, sich neben das Sofa zu setzen und auf den Schläfer aufzupassen. Aber das ist unnötig. Im Schlaf kann nicht einmal Cri etwas anstellen. Während Omi in der Küche aufräumt und Opa wieder in seine Werkstatt eilt, laufe ich hinüber zum Teich. Es ist ein wunderbares Gefühl, so ohne den kleinen Bruder im Rücken. Ich nehme mir vor, die Zeit zu nutzen.

„Ferien!!" Dieses Wort hat einen himmlischen Klang. Und was es doch alles bewirkt: Freiheit von Schule und Lehrern, die ständig Fehler finden, wo ich keine sehe. Freiheit auch von den mahnenden Blicken der Eltern. Unsere Großeltern sind zu uns Kindern... immer liebevoll und gütig. Streng sind sie nur, wenn es unbedingt sein muss. Doch nach einer Rüge folgt immer die süße Versöhnung in Form von Schokolade und dergleichen.

Ich bin so übermütig, dass es mir nicht gelingt, den Weg zum Teich normal zu laufen. Ich hüpfe, jauchze und versuche sogar zu singen. Leider fällt mir immer nur der erste Satz von einem Lied ein. Aber was macht das schon? Hauptsache man ist fröhlich. Also singe ich: „Weißt du wie viel Sterne stehen... Hänsel und Gretel verliefen sich im Wald... Stille Nacht, heilige Nacht...

Ich hab' Ferien, ich hab' Ferien! Keine Lehrer, keine Lehrer, keine Aufgaben! Zwischen den Liedern schlage ich

Purzelbäume. Darin habe ich einige Übung. So fröhlich und lustig bin ich schon lange nicht mehr gewesen. Heute wird mir nicht einmal mein kleiner Bruder den Tag verderben. Das nehme ich mir vor.

Am Teich angelangt, klettere ich flugs auf die Trauerweide und dann auf den waagrechten Ast, der sich einige Meter über den Teich streckt. Das Leben im Teich zu beobachten ist so interessant, dass mir die Zeit wie im Flug vergeht. Ich habe keine Angst vor dem Wasser, weil ich so gut schwimme, dass ich es mit jedem Fisch aufnehmen kann. Ein echtes Abenteuer ist so etwas. Leider bin ich bei solchen Wettkämpfen stets allein mit den Fischen. Es gibt keine Zuseher und keine Preise. Cri zählt nicht. Auf ihn muss ich immer nur aufpassen. Ich wünsche mir so sehr einen Freund, dem ich alles anvertrauen und mit dem ich vieles unternehmen kann.

Cris Geschrei reißt mich aus meinen Grübeleien.

„Flori! Flori, wo bist du? Ich will mit dir spielen!"

Er steht in der Nähe der Arche und ruft immer dasselbe. Schließlich verbietet ihm Opa den Mund. Sunbeam hat mich entdeckt. Wie ein Wirbelwind fegt er daher. Endlich hat auch Cri begriffen und saust hinterher. Rennen kann er ja. Als Sunbeam am Teich ankommt, hängt ihm die Zunge weit heraus und er lechzt, dass ich beinahe Angst um ihn bekomme. Aber der Hund ist klug genug und hilft sich selbst. Er geht ans Wasser und trinkt. Dann legt er sich ins Gras.

Inzwischen ist auch Cri angekommen. Er macht ein total beleidigtes Gesicht.

„Warum hast du nicht auf mich gewartet, Flori?"

„Du hast geschlafen. Sunbeam hat auf dich aufgepasst. Und jetzt bist du ja da."

Es ist immer dasselbe. Kaum taucht Cri auf, gibt es Ärger. Aber ich lasse mir den sonnigen Tag nicht vermiesen. Das nehme ich mir fest vor.

„Du musst auf mich aufpassen, Flori", fordert mein kleiner Bruder.

Am liebsten hätte ich ihm eine gescheuert. Aber Cri steht am Teichufer und ich liege bäuchlings auf dem Ast über dem Wasser.

„So klein bist du nun auch nicht mehr, dass ich ständig hinter dir her sein muss!", maule ich.

Das hätte ich mir denken können. Cri beginnt sofort fürchterlich zu schreien. Gleich wird Großmutter kommen und der schöne Tag ist im Eimer. Also versuche ich, Cri zu beruhigen.

„Es ist schön hier oben", locke ich ihn. „Komm doch herauf! Zeige mir, wie mutig du bist."

Cri hört tatsächlich zu brüllen auf. Er läuft zur Trauerweide und klettert hinauf.

„Es ist ganz leicht!", schwärmt er und versucht auf dem überhängenden Ast zu mir zu kommen.

Es ist eine sehr alte Trauerweide. Da sitzen wir nun und fühlen uns wie die größten Eroberer. Ich versuche, mich in die entgegengesetzte Himmelsrichtung zu drehen, um auch aus dieser Sicht die Gegend zu betrachten. Plötzlich ist da ein Knacken und Krachen. Ehe wir uns versehen, liegen wir mit dem morschen Ast im Teich.

Ich bin geschickt genug, um wieder aufzutauchen. Also klammere ich mich am Ast fest und schaue mich um. Cri ist verschwunden. Sofort tauche ich nach ihm. Nichts. Da packt mich furchtbare Angst. Falls mein Bruder ertrunken ist, habe ich keinen guten Tag mehr in meinem ganzen Leben. Ich bin doch immer schuld, wenn Cri etwas passiert. Diesmal stimmt es sogar. Ich hätte ihm nicht erlauben dürfen, auf den Baum zu klettern. Noch einmal tauche ich. Wieder nichts. Ich schwimme den Teich ab aber Cri bleibt verschwunden.

Dann versuche ich Opa zu rufen. Aber meine Stimme versagt. Ich umklammere das morsche Stück Holz und habe plötzlich das Gefühl, dass ich mich nicht mehr bewegen kann. Nur ein einziger Gedanke beherrscht mich: Mein kleiner Bruder ist ertrunken! Und es ist meine Schuld!

Ich kneife die Augen zusammen und sehe die entsetzten Gesichter meiner Eltern und Großeltern vor mir.

Plötzlich fällt mein Blick auf Sunbeam. Er fixiert das gegenüberliegende Ufer. Ich umklammere den Ast und fühle, wie die Angst meinen ganzen Körper durchwühlt. Obwohl ich noch immer starr vor Schreck bin, sehe ich, was Sunbeam wahrscheinlich schon lange vor mir entdeckt hat. Cri sitzt grinsend und sogar friedlich am Ufer. Patschnass aber putzmunter. Langsam beginnt sich meine Starre zu lösen.

Jetzt entdecke ich neben Cri einen seltsamen Jungen, der mir zuwinkt. Seine strahlenden Augen sind ungewöhnlich groß. Er trägt blaue Jeans und ein Hemd, welches in Abständen die Farben wechselt. Es sind immer helle, zarte Farben. Das alles beobachte ich vom Teich aus. Das seltene Wesen lächelt und winkt noch immer. Meine Angst löst sich. Statt dessen erfüllt mich Freude. Cri lebt!

Meine Ferien sind gerettet. Und da draußen wartet bestimmt ein Abenteuer auf mich. Meine Bewegungsfreiheit und meine Stimme sind zurück. Rasch schwimme ich ans Ufer und steige aus dem Wasser. Den Blick halte ich auf den seltsamen Jungen gerichtet. Er ist schön, wenn auch anders, als wir es gewohnt sind. Ich kann meinen Blick nicht von ihm abwenden. Langsam gehe ich auf das seltsame Wesen zu und bleibe vor ihm stehen. Freude erfüllt mich! Eine unbändige Freude!

„Hast du mich aus dem Wasser gezogen, Flori?", fragt Cri.

„Ich? Nein!“

„Aber es ist doch sonst keiner da!“

„Doch!“

Plötzlich ist da eine Stimme:

„Cri kann mich weder sehen noch hören. Das kannst nur du. Wie ich weiß, hast du dir schon lange einen Freund gewünscht. Der möchte ich gerne sein!“

„Ja, das stimmt!“

„Ich habe deinen Bruder aus dem Wasser gefischt. Er wäre sonst ertrunken.“

„Danke!! Das werde ich dir niemals vergessen. Danke!“

Cri ist ungewöhnlich still. Er sitzt einfach nur da. Seine Kleider sind zerknittert, aber von der Sonne schon wieder fast getrocknet.

„Wer bist du?”, frage ich den Unbekannten. „Und woher kennst du unsere Namen? Du siehst aus wie wir und doch auch wieder nicht. Woher kommst du? Das muss ich alles wissen, wenn wir Freunde sein wollen.“

„Das sehe ich ein.“

„Mit wem redest du da, Flori?", fragt Cri. „Das bringt mich völlig durcheinander. Träume ich etwa? Mit einem Satz bin ich bei Cri und schüttle ihn so lange, bis er sich zu wehren beginnt.

„Was machst du da, Flori! Lass mich los!"

Cri ist also nicht tot, weder ein Traum noch eine Erscheinung. Aber was ist mit diesem seltsamen Wesen hier, das angeblich nur ich sehe? Bilde ich mir das alles nur ein? Der Schock bringt mich durcheinander.

„Der Junge hat dich aus dem Wasser gezogen, Cri. Geh zu ihm und bedanke dich!"

Wie ein Blitz ist Cri auf den Beinen und wirbelt herum.

„Welcher Junge? Du spinnst, Flori! Da ist keiner.

Doch der für Cri Unsichtbare ist für mich noch immer da. Deshalb frage ich noch einmal:

„Wer bist du? Und woher kommst du?"

„Mein Name ist Flu", sagt der Junge, „zumindest für dich hier auf der Erde. Ich komme aus dem Universum.

Mir bleibt vor Staunen der Mund offen.

„Den Weltenraum oder das Universum kenne ich aus Opas Erzählungen. Er sagt, das All sei so groß, dass es der menschliche Verstand nicht zu begreifen vermag."

„Dein Großvater ist ein kluger Mann, Florian."

„Wo ist das All?", frage ich.

„Eigentlich überall."

„Auch hier bei uns?"

„Gewiss. Doch der einst so prachtvolle Planet leidet. Vieles muss zurecht gerückt werden, damit die Erde wieder ihren normalen, wunderschönen Zustand erlangt."

„Wie sieht dieser Zustand aus?"

„Kennst du das Wort Paradies?"

„Ja, auch aus Großvaters Erzählungen. Im Paradies gibt es kein Leid, keine Krankheiten, kein Alter und keinen Tod. Muss das schön sein! Opa und Omi wären dann für immer jung. Ich will nicht, dass sie sterben! Was können wir tun, um das Paradies wieder herzustellen?"

„Sobald die Erdbewohner in Harmonie mit ihrer Umwelt zu leben verstehen, ist der Anfang gemacht. Wenn dann die Menschen einander zulächeln, ist das ein weiterer Schritt. Ich versichere dir, Flori, wir haben eine aufregende und tolle Zeit vor uns."

„Wirklich, Flu?! – Gehst du noch zur Schule?"

„Das habe ich nicht nötig. Ich trage alles Wissen in mir."

„Alles nötige Wissen!", staune ich. „Du hast keine Ahnung, was dir alles erspart bleibt, wenn du nicht zur Schule musst. Flu ist ein seltsamer Name."

„Wie ich schon sagte, komme ich aus dem Weltenraum. Ich weiß immer, wie es auf der Erde zugeht und was mit ihr geschieht. Auch kann ich jeden Körper annehmen, den ich gerne möchte. Außerdem lese ich die Gedanken der Menschen, beherrsche die Elemente, aus welchen eure Erde und Körper bestehen."

„Ele... was? Elemente? Was ist das?

„Naturgewaltige Grundstoffe. Da ist einmal das Feuer, dann die Luft, die Erde und das Wasser. Aus den Anfangsbuchstaben der Elemente ist mein Name zusammengesetzt."

Flu nimmt meine Hand und geht mit mir ans Teichufer. Er bückt sich und schreibt seinen Namen in die aufgeweichte Erde: FLEW. "Das Wort kommt aus dem Englischen fly. Flew wird Flu ausgesprochen und bedeutet flog."

„Aha. Du kamst aus dem All geflogen. Es macht dir keine Mühe, Cri aus dem Wasser zu ziehen, ohne ihn zu berühren? Und du kannst mit den Ele– Elementen machen, was immer dir gefällt?"

„So ist es, Florian. Damit du es auch recht verstehst, wiederhole ich es: Die vier Elemente beherrschen nicht nur die Erde, sondern auch eure Körper. Wer in Frieden und Harmonie zu leben versteht ist glücklich, gesund und kann auf der Erde leben, solange er möchte."

„Sieh mich an, Flu! Mein Körper besteht doch nicht aus Wasser, Feuer, Erde und Luft? Oder doch?"

Wieder nimmt der Kleine aus dem Weltenraum meine Hand. Wir gehen einige Schritte und setzen uns ins Gras.

„Du spürst das Feuer der Sonne, Flori, ihre wärmenden Strahlen. Auch in deinem Körper ist Wärme. Ihr nennt das Temperatur. Hast du Fieber ist die Temperatur zu hoch. In so einem Fall ist etwas falsch gelaufen und dein Körper wehrt sich."

„Dann bin ich krank."

„Ja. Du atmest. Das gleicht dem Element Luft. Ohne Atmung gibt es kein Leben. Alles atmet. Jeder Mensch, jeder Baum, jedes Blatt. Einfach alles Lebendige. Das Fleisch und die Knochen eurer Körper ähneln der Erde und den Felsen.

Das Blut in euren Adern ist, wie das Wasser, lebensnotwendig."

„Opa wird staunen, wenn ich ihm das alles erzähle."

„Mehr als du dir vorstellen kannst. Vorerst ist es wichtig, dass DU mich verstanden hast und mir auch glaubst, wenn ich behaupte, die Elemente zu beherrschen. Das Feuer der Sonne, die Luft, welche sich als Brise, Wind oder Sturm bemerkbar macht. Auch das Wasser der Flüsse, Bäche und Meere. Und dann ist da auch noch Mutter Erde, die euch mit Nahrung versorgt und eure Wohnstatt ist."

„Gehorcht dir auch ein Hurrican?"

„Selbstverständlich. Nichts macht mir Mühe. Es ist ganz einfach. Es wird eine Zeit kommen, da wird auch der Mensch auf dieser Erde wieder Herr über die Elemente sein. Das war vom Allvater von Anfang an so bestimmt. Und das meinte er auch, wenn er sagte:

‚Macht euch die Erde untertan!' Die Menschen haben das völlig falsch verstanden. Sie fügten diesem schönen Planeten großen Schaden zu, statt für seine Schönheit die Verantwortung zu übernehmen."

„Opa sagt das auch. Umweltverschmutzung nennt er das. Er behauptet sogar, die Elfen und Feen fliegen aus den Gärten und Wäldern fort, weil sie die verunreinigte Luft nicht mehr ertragen. Deshalb gibt sich Omi soviel

Mühe mit ihrem Blumengarten, damit die Naturgeister wenigstens bei uns glücklich sein können."

„Ich weiß, Flori. Bald werde ich deiner Omi ein Blumenmädchen schicken, um sie für ihre Mühe zu belohnen. Doch eines Tages, mein Freund, wird die gesamte Erde wieder in ihrem vollen Glanz erstrahlen."

„Wann wird das sein?"

„Sobald die Menschen durch ihre eigene Anstrengung ihre Schwächen abgelegt haben. Erst dann werden sie in der Lage sein, die Erde in ein Paradies zurückzuverwandeln."

Wahrscheinlich begreife ich noch nicht alles, was mir mein neuer Freund da erzählt. Auf jeden Fall ist es so aufregend und neu, dass ich Cri darüber völlig vergessen habe. Er sitzt noch immer im Gras und gibt keinen Mucks von sich. Das ist äußerst ungewöhnlich. Mein kleiner Bruder schaut mich nur sehr sonderbar an.

„Warum guckst du so belämmert?", frage ich ihn.

„Ich habe die ganze Zeit zugehört, Flori. Und ich bin sehr übergerascht!"

„Du meinst überrascht. Weshalb?"

„Du redest mit jemand, der gar nicht da ist. Vielleicht hast du zuviel Teichwasser geschluckt und bist überschnappt!"

„Übergeschnappt!", verbessere ich. „Bin ich nicht! Heute Abend werde ich dir alles erklären", sage ich und wende mich wieder meinem neuen Freund zu.

„Ich habe jederzeit Kontakt zu meinen Brüdern aus dem Weltenraum. Sie leben auf viel feineren Ebenen im sogenannten Äther. Dieser ist feiner als Luft und kann mit den menschlichen Sinnen nicht wahrgenommen werden. Durch diese höhere Schwingung im Äther beherrsche ich die Elemente der Erde. Und auf diese Weise habe ich deinen Bruder aus dem Wasser gezogen.

Noch kannst du nicht alles begreifen, Flori. Aber ich möchte trotzdem dein Freund sein und Gutes tun."

„Flu! Gibt es dich wirklich oder träume ich? Vielleicht sind wir ertrunken und befinden uns schon im Himmel? Und das, obwohl ich wie ein Fisch schwimmen kann."

Flu lacht. „Du bist auf der Erde und dein Bruder auch. Cri hat Angst, weil er dich sprechen hört und mich nicht sieht. Deshalb schicke ich ihn jetzt nach Hause."

„Da kennst du meinen kleinen Bruder aber schlecht. Er tut nie was man von ihm verlangt."

„Habe ich dir nicht gesagt, dass ich die Erde beherrsche? Dazu gehört auch dieser kleine Körper. Gib acht!"

Flu macht eine Handbewegung und schon ist Cri verschwunden. Wie weggeblasen. Das macht mir Angst!

„Aber Flori", beruhigt Flu. „Kein Wesen auf dieser Erde wird durch mich Leid erfahren. Das solltest du mir ganz fest glauben! Ich erteile höchstens Lektionen."

„Lektionen?!", wiederhole ich erstaunt. Bei diesem Wort fällt mir die Schule ein. Kein sehr angenehmes Gefühl.

„Lass es mich erklären." Flu lächelt und fährt fort: „Wenn jemand etwas stiehlt, werde ich demjenigen auf irgend eine Weise beibringen, dass Stehlen unglücklich macht. Begreift er, wird er gutmachen wollen. So eine Lektion ist meist schmerzhaft. Aber der Schmerz kommt nicht von mir. Vertraue mir, Flori! Ich habe einiges vor. Bist du dabei?!"

„Jaaa!" Aus der Ferne entdecke ich plötzlich Cri in Omis Blumengarten. Flu hat ihn dorthin gezaubert oder wie man das nennen soll.

„Bitte, schick auch Sunbeam dorthin, damit der kleine Quälgeist jemand zum Spielen hat. Ist das möglich?"

„Alles ist möglich! Einfach alles!"

Und flugs befindet sich auch Sunbeam in Omis Blumengarten. Mein neuer Freund lächelt über mein erstauntes Gesicht. Und da ist noch etwas. Ich fühle mich unbegreiflich wohl in seiner Nähe. Eine Freude ist in mir, wie ich sie vorher noch nie erlebt habe.

„Flu", beginne ich zaghaft, „kann nur ich dich sehen?"

„Vorläufig schon. Wenn ich aber möchte, dass mich auch andere hören oder sehen, dann wird es so sein."

Es ist erstaunlich, dass mir gerade in diesem Augenblick schon wieder die Schule in den Sinn kommt. Schlau wie ich bin, nutze ich die Gelegenheit.

„Flu, ich habe in Deutsch ein ‚nicht genügend' im Zeugnis. Du weißt, was das bedeutet! Bitte, hilf mir, das ‚Nicht' verschwinden zu lassen."

„Für mich ist das eine Kleinigkeit", lacht Flu. „Aber ich werde es nur tun, wenn du mir versprichst, auch in den Ferien ab und zu Deutsch zu üben. Deine Rechtschreibfehler schreien ja zum Himmel, wie ihr auf der Erde zu sagen pflegt. Es ist schon geschehen."

„Was denn?"

„In deinem Zeugnis steht jetzt ein Genügend. Das wird zwar einige Verwirrung geben. Aber was macht das schon."

Am liebsten hätte ich einen Luftsprung gemacht. Aber ich versuche, mich zu beherrschen.

„Danke, vielen Dank!"

„Das ‚Nicht' habe ich auch in den Akten der Schule gelöscht und in den Köpfen der Lehrer. Aber es bleibt eine einmalige Handlung, Florian. Um das Lernen kommst du nicht herum. Das ist nun mal so auf der Erde. Ihr müsst euch eben anstrengen, um etwas in eurem Leben zu erreichen. Ich werde also in Zukunft weder deine Faulheit unterstützen oder jemand täuschen. Abgemacht?"

„Ich bin mit allem einverstanden. Nur bleib bei mir, Flu! Lass mich nie wieder allein!", flehe ich. „Noch eine Frage habe ich..."

Ehe ich den Satz beende, ist Flu unsichtbar. Einfach weg! Ich wirble einige Male um meine eigene Achse. Nichts. Ein wenig enttäuscht mache ich mich auf den Weg zurück in die Arche. Schon von weitem sehe ich meine Großeltern auf der Gartenbank sitzen. Jetzt gibt es gleich ein Donnerwetter, denke ich.

„Was haben wir da von Cri gehört?", beginnt Großvater sein Verhör. „Ihr seid beide in den Teich gefallen? Cri wurde gerettet, angeblich nicht von dir? Aber es war sonst keiner da. Was soll der Quatsch, Florian?"

„Es stimmt", sage ich und ziehe den Kopf ein so gut es geht.

Großvater und Großmutter sind sehr verärgert. „Dein Opa und ich sind nicht mehr jung genug, um euren Lügengeschichten und Spitzbübereien Herr zu werden", jammert Omi.

„Aber Erni", Großvaters Stimme klingt energisch, „was redest du da? Nicht mehr jung genug! Den beiden Lausbuben sind wir schon noch gewachsen. Also, Flori, was war nun tatsächlich los?"

Meine Gedanken schießen hin und her. „Was euch Cri erzählt hat, stimmt!", bestätige ich. Vielleicht sollte ich meinen Großeltern einen Bären aufbinden, um weiteren Fragen und Vorwürfen zu entgehen. Aber seltsam, ich bringe es nicht fertig. Flu ist mir nahe. Ich spüre ihn plötzlich ganz deutlich, auch wenn ich ihn nicht sehe. Also erzähle ich mein Abenteuer von vorne bis hinten. Ich lasse nichts aus.

Meine Großeltern glauben mir nicht. Opa schaut über den Rand seiner Brille. Das tut er oft, wenn er sich ärgert.

„Flu?!", spottet er. „So einen Namen gibt es auf der ganzen Welt nicht!"

„Flu kommt aus dem Universum", versuche ich meine Behauptungen zu erklären. „Er beherrscht die Elemente."

„Elemente?", wiederholt Opa erstaunt. „Von mir kennst du dieses Wort nicht. Woher, Flori?"

„Von Flu“, sage ich wahrheitsgetreu.

„Irgend etwas geht hier vor sich was wir nicht begreifen“, sinniert Opa.

„Die Erde hat Milliarden Jahre auf dem Buckel“, verkünde ich, obwohl ich gar nicht begreife, was ich gesagt habe.

Wahrscheinlich hat mir Flu das eingegeben, um Opa zu überzeugen, dass es ihn gibt.

„Flori!“ Opa ist total verblüfft.

„Was ist hier eigentlich los?“, ängstigt sich Oma.

„Ich weiß es nicht!“, gibt Opa zu. „Vielleicht hat sich Flori alles nur ausgedacht. Er fühlt sich wegen Cri oft vernachlässigt. Ich weiß es nicht! Ich weiß es nicht! Ich weiß es wirklich nicht!“

„Ich weiß nicht! Ich weiß nicht! Ist das alles, was dir dazu einfällt?“ Omi ist wütend.

„Ich weiß auch nichts. Gar nichts! Ich bin mir nicht einmal mehr sicher, ob wir alle noch normal sind?!“

Opa hat gar nicht zugehört.

„Ein Neunjähriger kann sich so etwas nicht ausdenken“, sinniert er. „Das ist ganz unmöglich.“

„Was denn?", will Omi wissen.

„Das mit den Millionen oder Milliarden Jahren. Es könnte aber stimmen.

„Vielleicht. Vielleicht aber auch nicht. So uralt soll unsere Erdenmutter sein? Das kann doch keiner nachzählen. Lass dir nicht ständig einen Bären aufbinden. Dazu bist du zu alt!", kritisiert Omi.

„Ach!", wehrt sich Opa. „Flori hat solche Worte wie Elemente, Weltenraum, Äther weder von mir, noch von der Schule oder von seinen Eltern gehört. Also woher hat er sie? Langsam glaube ich ihm. Jawohl."

Dann legt er den rechten Zeigefinger an seine Lippen. Das ist ein Zeichen dafür, dass er angestrengt nachdenkt. Solange er in dieser Stellung verharrt, wagt niemand ihn zu stören.

„Gut", sagt er dann und sieht mich forschend an, „zeige uns deinen Flu und wir glauben dir. Also, wo ist er?"

„Flori hat mit jemand gesprochen, den es gar nicht gibt", platzt Cri dazwischen. „Ich habe niemand gesehen."

„Da haben wir den Beweis!", triumphiert Omi. „Würde dieser Flu existieren, könnten wir ihn alle sehen. Und jetzt Schluss damit!"

„Hast du schon einmal einen Gedanken gesehen, Omi Wolke?", frage ich.

Noch nie habe ich meine Großmutter mit Omi Wolke angesprochen. Spricht Flu aus mir? Ich staune selbst am meisten. Und schon meldet sich die Stimme wieder:

„In deinem Kopf laufen die Gedanken kreuz und quer. Denkst du, es gibt sie nicht, nur weil du sie nicht sehen kannst? Du glaubst doch auch an Schutzengel, an den Lieben Gott. Du betest täglich zu ihm."

In mir wächst das Verlangen, wieder selbst etwas zu sagen: „Ihr könnt Flu nicht sehen, weil er es noch nicht zulässt", erkläre ich.

„Das kann jeder sagen, Flori. Wir brauchen Beweise!", fordert Omi. „Hast du eine Ahnung, was uns deine Mutti erzählt, wen sie erfährt, dass ihr beide in den Teich gefallen seid?"

Omi ist stinksauer. Doch bei Opa werden die Zweifel immer weniger. Er beginnt, sich für den Kleinen aus dem Weltenraum zu interessieren.

„Du allein kannst niemals so gescheit daherreden. Also frage ich mich, woher du diese Weisheiten hast."

„Ich habe es dir doch gesagt, Opa. Warum glaubst du mir nicht?"

„Wir müssen der Sache auf den Grund gehen“, fordert Großpapa.

Omi schlägt die Hände überm Kopf zusammen und verdreht dabei die Augen. Das tut sie immer, wenn sie in irgend einer Zwickmühle steckt.

„Hör endlich auf mit dem Unsinn, Willi. Lass uns weiter ein stinknormales Leben führen. Wir waren doch zufrieden, ehe dieser, dieser...“

„Stopp! In meinem Haus wird niemand beleidigt. Auch nicht von dir, meine liebe Ernestine!"

„Ich bin schuld“, mische ich mich ein, „dass Cri und ich in den Teich gestürzt sind. Als nämlich dieser Quälgeist da wieder einmal fürchterlich schrie, lockte ich ihn auf den überhängenden Ast über dem Teich. Wie hätte ich wissen können, dass er morsch ist. Mich hat er ja getragen. Was dann geschehen ist, habe ich euch schon erzählt.“

„Es muss doch herauszufinden sein, ob dieser Unbekannte mit dem komischen Namen tatsächlich existiert oder ob er der kindlichen Fantasie entspringt. Andererseits hat er durch Flori gesprochen“, sinniert Opa. „Was ist hier los? Sollten wir uns ängstigen oder uns freuen?“

„Flu bringt niemand Leid. Das hat er gesagt. Ich habe einen Beweis für seine Existenz.“

„Mutti hat dir mein Zeugnis gezeigt, nicht wahr, Omi?"

„Ja, eine höchst unerfreuliche Angelegenheit. Ich meine damit dein ‚nicht genügend' in Deutsch."

„Bist du dir da ganz sicher?", frage ich lauernd.

„Was soll diese dumme Frage, Flori? Natürlich bin ich mir sicher. Das Zeugnis liegt in der Schublade. Deine Mutti wollte, dass ich es deinem Großvater zeige, falls du dich weigerst zu üben."

„Zeig es her!", fordere ich. „Ihr werdet Augen machen!"

„Also gut." Omi holt das Zeugnis und legt es Opa auf den Tisch. Er vertieft sich darin.

„Ich sehe keinen Fleck!"

Omi stemmt ihre Hände in die Hüften. „In Deutsch!"

„Da steht ein ‚genügend'. Auch keine große Leistung, doch Flori braucht die Klasse nicht wiederholen."

„Unmöglich!" Oma reißt Opa das Zeugnis aus der Hand. Nervös sucht sie nach ihrer Brille.

„Du hast sie auf dem Kopf", kichert Cri.

„Bin ich denn schon so verkalkt? Wer hat das ‚nicht' ausradiert? Flori!"

„So ein ausgemachter Blödsinn", meint Opa ungeduldig. Du hast dich eben verguckt."

„Habe ich nicht. Nein! Ich dreh' gleich durch. Aber vorher rufe ich noch Magdalena an. Sie hat wegen der Nachprüfung, die Flori bevorsteht, geheult. Wie üblich, gab sie sich die Schuld, weil sie während des Schuljahrs so wenig Zeit für ihre Kinder aufbringen konnte."

Als Omi vom Telefongespräch mit ihrer Tochter zurückkommt, ist sie noch verwirrter.

„Magdalena hat mir das ‚nicht genügend' bestätigt, Willi."

„Glaubt ihr mir jetzt, dass Flu existiert?"

„Vielleicht gibt es doch noch eine simple Erklärung", schlägt Opa vor. „Lassen wir die Angelegenheit erst einmal auf sich beruhen."

Ich bin total enttäuscht. Auch Opa lässt mich im Stich. So etwas von stur! Opa geht in seine Werkstatt und Omi macht sich am Herd zu schaffen. Cri und ich laufen hinaus und setzen uns auf die Gartenbank. Ich denke scharf nach, um Flus Existenz noch besser beweisen zu können. Aber es will mir nichts einfallen.

„Es hat gekracht", erzählt Cri. „Dann ging es ganz schnell. Ich bin ins Wasser gestürzt. Aber ich kann nicht schwimmen, das weißt du, Flori."

„Wie bist du herausgekommen, Cri? Erzähle! Ich habe nach dir getaucht. Dann bin ich im Teich hin- und hergeschwommen. Aber ich konnte dich nirgends entdecken. Denk nach, Cri! Versuch dich zu erinnern. Bitte!"

„Plötzlich bin ich am Ufer im Gras gesessen. Meine Kleider waren nass. Aber die Sonne hat sie rasch getrocknet. Dann bist du gekommen und hast ständig mit jemand geredet, der gar nicht da war. Du hast versprochen, mir alles zu erklären, Flori. Aber wenn es Opa und Oma nicht verstehen, dann kann ich es wohl auch nicht. Stimmt's?

„Vielleicht kann ich dir später alles besser erklären, Cri. Ich weiß, dass es Flu gibt. Auch wenn nur ich ihn sehen kann. Aber es glaubt mir keiner. Das macht mich traurig."

Das Abendessen verläuft ziemlich wortlos. Ich denke zwar angestrengt nach, wie ich ein wenig Stimmung in die Runde bringen kann, aber es gelingt mir nicht. An diesem Abend gehen wir alle früh zu Bett. Als ich vom Zähneputzen komme, schnarcht Cri bereits. Er hat sich wieder einmal vorm Waschen und Zähneputzen gedrückt. Es wurde eine ruhige Nacht. Ich habe nicht einmal geträumt.

Beim Frühstück sprechen wir noch einmal über alles. Aber meine Großeltern glauben mir heute weniger als gestern.

Das ‚nicht‘ ist aus meinem Zeugnis verschwunden. Cri wurde vorm Ertrinken gerettet. Omi hat eine Stimme gehört. Das sind doch Beweise, dass es Flu gibt!

„Wir kommen auf keinen grünen Zweig", seufzt Opa.

„Welchen grünen Zweig?", fragt Cri.

Nur mein kleiner Bruder kann so dämliche Fragen stellen. Er erhält auch keine Antwort.

„Wer Cri aus dem Wasser gezogen hat, weiß ich nicht. Vielleicht hast du ihn gerettet und hast es nur vergessen, Flori. Der Schock! Könnte doch sein? Auch das Verschwinden deiner schlechten Note kann ich mir nicht erklären. Noch nicht. Vielleicht haben sich deine Mutter und auch Omi getäuscht oder..."

Großmama schlägt mit der Faust auf den Tisch, dass ihre Tasse einen lustigen Hüpfer macht. Noch einmal versucht sie Opa in einer himmellangen Rede beizubringen, dass das ‚nicht genügend‘ eine Tatsache war.

Opa zuckt mit den Schultern und schweigt. Gegen Omi anzutreten ist oft schwieriger als einen Boxweltmeister zu besiegen. Rasch steht Opa auf und geht. Das ist auch das einzig Vernünftige was er jetzt tun kann.

„Machst du jetzt Bettruhe, Opa?", ruft ihm Cri nach.

„Hier spielen wohl alle verrückt", knurrt er. „Aber du hast ja recht, Kleiner. Vielleicht sollte ich den Tag verschlafen."

„Willi! Es gibt genug zu tun!"

Als Opa außer Reichweite ist, frage ich zaghaft: „Warum glaubst du mir nicht, Oma?"

„Ich weiß nicht mehr was ich glauben soll oder auch nicht", gesteht sie weinerlich. „Du bist ein äußerst gerissenes Kerlchen. Lass uns ein wenig Zeit. Irgendwann werden wir schon dahinter kommen. Wir könnten in der Schule nachfragen. Was meinst du? Sag schon!"

„In der Schule ist das ‚nicht' auch gelöscht und das nicht nur auf dem Papier. Auch in den Köpfen der Lehrer."

„Du gütiger Himmel!", ruft Omi nun völlig verdattert.

Ich habe keine Lust mehr, mich noch weiter zu verteidigen. Es glaubt mir ja doch keiner. Trotz aller Beweise. Cri lebt! Aber ich habe ihn nicht aus dem Wasser gezogen!

Cri und Sunbeam vergnügen sich bereits in Omis Blumengarten. Ich lasse mich bis zum Mittagessen nicht mehr sehen.

Die nächsten Tage vergehen ohne besondere Ereignisse. Ich verbringe meine Zeit entweder am Bach, am Teich oder im nahen Wald. Meine Sehnsucht nach Flu wächst mit jeder Minute.

Ich kann an nichts anderes denken. Überall hoffe ich, ihn zu entdecken. Er hat mir versprochen, uns kein Leid zuzufügen. Und doch herrscht seither in unseren Köpfen ein völliges Durcheinander. Aber Flu wird schon wissen was er tut. Meine Großeltern glauben mir nicht.

„Ich zwinge niemand“, hat Flu gesagt.

Dann wieder denke ich, Flu ist doch schlau genug, um meine Großeltern zu überzeugen. Warum tut er es nicht? Cri ist beim Herumtollen mit Sunbeam hingefallen. Er hat sich am Knie verletzt und blutet. Wie immer brüllt er aus Leibeskräften. Opa, Oma und auch ich helfen zusammen, um ihn zu bändigen. Er wehrt sich wie ein wild gewordener Ziegenbock. Als es meinen Großeltern endlich gelungen ist, die Wunde zu reinigen und zu verbinden, schläft Cri auf dem Sofa ein. Das bedeutet für mich einige Stunden Ruhe. Meine Sehnsucht nach Flu wird beinahe unerträglich. Habe ich vielleicht doch alles nur geträumt? Das kann doch nicht sein!

Noch einmal laufe ich hinüber zum Teich. Der abgebrochene Ast liegt im Wasser. Also doch kein Traum. Ich setze mich ans Ufer und warte. Obwohl ich es mir so sehr wünsche, erscheint Flu nicht. Ich bin enttäuscht und traurig.

An diesem Abend gehe ich mit dieser übergroßen Sehnsucht nach ihm zu Bett. Ich nehme mir vor, sofort einzuschlafen. Sobald Cri seinen Kopfpolster berührt, schläft er auch schon. Aber nicht nur das. Er schnarcht wie immer. Ich werfe einen Pantoffel nach ihm. Ein Weilchen hört er auf. Doch bald geht das Schnarchkonzert weiter. Es ist hoffnungslos. Wenn mein kleiner Bruder schläft, könnte man ihn ohne Narkose operieren. Das behauptet jedenfalls unsere Mutti.

Das kleine Fenster steht weit offen. Ich sehe den Vollmond und viele goldene Sterne. Nach einer Weile drehe ich mich zur Seite. Ich möchte endlich einschlafen. Noch ehe ich aber dazu komme, fühle ich Flus Gegenwart. Sofort bin ich wieder hellwach. Wie eine losgelassene Sprungfeder schnelle ich in die Höhe. Flu steht am Fußende und lächelt.

„Flu! Flu!" Ein ungeheures Glücksgefühl durchströmt mich. Vor Freude bin ich außer mir. „Ich dachte schon..."

„Aber nein, mein Freund! Vertraue mir. Alles geschieht zur rechten Zeit. Wir beide sind ein Team. Aber wir dürfen die Menschen nicht überfordern. Verstehst du das?"

„Ja, Flu. Ich freue mich so sehr, dass ich dich wiedersehe!"

„Wir beide machen jetzt einen nächtlichen Ausflug, Flori."

„Mitten in der Nacht? Omi hat einen sehr leichten Schlaf. Sie wird uns hören."

„Wird sie nicht. Dafür sorge ich."

„Dann ziehe ich mich rasch an."

„Nicht nötig."

„Nein? Gehen wir zu Fuß oder fahren wir mit dem Auto?"

„Wir fliegen, du und ich."

„Mit einem Flieger?"

„Lass dich überraschen, Flori. Also, wohin möchtest du?"

„In die Frühstückspension meiner Eltern. Ins Wohnzimmer. Ich werde dort einiges verändern, damit ich am Morgen beweisen kann, dass ich dort war. Vielleicht glaubt man mir dann, dass es dich gibt."

„Gut. Also ins Wohnzimmer deiner Eltern. Es ist nicht nötig, etwas zu verändern. Das hat schon ein anderer besorgt. Komm jetzt, gib mir deine Hand."

Gleich darauf habe ich das Gefühl des Fliegens. Und schon sind wir im Wohnzimmer meiner Eltern. Ich bin so überrascht, dass ich eine Weile brauche, um mich zurechtzufinden. Aber dann bemerke ich einen Mann, der sich am Safe zu schaffen macht. Das Blumenbild darüber hat er abgehängt. Mit Hilfe einer Taschenlampe versucht er, den Geheimcode zu knacken. Als sich der Mann zur Seite dreht, erkenne ich ihn. Es ist ein Gast, der schon viele Jahre seinen Urlaub in unserem Hause verbracht hat. Er half Mutti mit der Buchhaltung.

„So ist es", sagt Flu, der meine Gedanken kennt. „Wenn deine Mutti etwas aus dem Safe holte, prägte er sich das Klicken ein. Wie du siehst mit Erfolg."

Ich bin entsetzt und versuche den Einbrecher am Stehlen zu hindern. Aber er reagiert nicht.

„Der Mann kann uns weder sehen noch hören. Du stehst hier in deinem Traumkörper. Nur keine Sorge, er entkommt uns nicht. Sieh nur, ich habe auf dem Fußboden eine mehlige Schicht gelegt. Seine bloßen Füße werden Abdrücke hinterlassen. Er steckt jetzt das gestohlene Geld in die Taschen seines Morgenmantels, schließt den Safe und hastet in sein Zimmer zurück. Morgen früh will er abreisen. Es wird für die Polizei nicht schwer sein, ihn zu überführen."

Als ich Flu noch etwas fragen will, merke ich, dass ich schon wieder in meinem Bett liege. Mein Freund steht am Bettrand und lächelt.

„Habe ich geträumt?"

„Hast du nicht, Flori. Morgen erzählst du alles deinen Großeltern. Hab keine Angst. Verlass dich nur auf mich. Sie werden dir schlussendlich glauben, denn deine Mutti wird alles unternehmen, um ihr Geld zurückzubekommen."

Plötzlich schießt mir ein Gedanke durch den Kopf.

„Flu", frage ich, „bist du ein Engel?"

„Jeder ist ein Engel, der gut ist", antwortet er. „Habe ich dir nicht gesagt, dass ich aus dem Weltenreich komme? Wir alle haben eine Aufgabe, ob auf der Erde oder in anderen Welten. Wenn Engel nicht erkannt werden wollen, verkleiden sie sich. Sie nehmen einen menschlichen Körper an oder sie sprechen zu dir aus einem Baum, dem Wind, einem Tier oder einer Blume. Alles ist möglich. Was und wie es auch geschieht, Engel wollen immer nur Gutes. Verstehst du das, Florian?"

„Nicht so recht. Aber ich glaube dir, Flu. Wenn du bei mir bist, fühle ich mich so unendlich froh. Bitte, lass mich nie wieder allein!"

„Ich werde in Zukunft immer in deiner Nähe sein. Auch wenn du mich nicht siehst. Für mich gibt es weder Raum noch Zeit."

„Was heißt das?"

„Du hast es heute Nacht erlebt. Ein winziger Augenblick und wir waren im Wohnzimmer deiner Eltern. Genauso schnell kamen wir auch wieder zurück. Auf die gleiche Art können wir durch die ganze Welt reisen. Nach Australien vielleicht. Entfernungen spielen keine Rolle."

„Nach Australien?", staune ich und denke an meine Eltern und Großeltern. Sie würden sich alle ganz furchtbar ängstigen.

Flu lacht. Er weiß genau, was mir durch den Kopf geistert.

„Ich habe dir versprochen, keinem weh zu tun. Meine Versprechen halte ich. Nur wenn die Menschen etwas ganz und gar nicht begreifen, leiden sie. Aber dieses Leid bringen sie dann selbst in ihr Dasein."

Plötzlich bin ich so müde, dass ich die Augen nicht mehr offen halten kann. Dann muss ich wohl eingeschlafen sein.

Schon die ersten Sonnenstrahlen wecken mich. Ich kann mich an alles erinnern, was sich in der vergangenen Nacht zugetragen hat. Beim Frühstück erzähle ich meinen Großeltern vom nächtlichen Ausflug, weil es mir Flu aufgetragen hat.

„Deine Phantasie möchte ich haben, Flori!" Omi schüttelt den Kopf.

„Du hast geträumt", sagt Opa als er merkt, wie enttäuscht ich bin. Aber ich sehe, dass ihn meine Erzählungen beschäftigen.

„Wenn ihr zu lange wartet", dränge ich, „ist der Mann über alle Berge. Er reist heute ab. Das nimmt er sich zumindest vor. Und Mutti hat das Nachsehen. Ruf doch an, Opa! Frage, ob es die Fußspuren im Wohnzimmer gibt und ob der Safe leer ist? Was ist schon dabei?"

Opa nickt, steht auf und geht zum Telefon.

„Willi, mach dich doch nicht lächerlich!", warnt Oma.

„Ich versuche es trotzdem", entscheidet Opa.

„Ist etwas mit den Kindern?", höre ich Muttis aufgeregte Stimme durch den Hörer.

„Den Kindern geht es gut, Magdalena. Sag mal, warst du heute schon in deinem Wohnzimmer?"

„War ich nicht. Weshalb?"

„Das erzähle ich dir später. Schau nach und rufe mich sofort zurück. Bitte, beeile dich!"

Eine Minute später klingelt das Telefon. Mutti scheint völlig durcheinander. Sie schildert die mehlige Schicht auf dem Boden, die Fußabdrücke und den leeren Safe.

„Flori hat die Wahrheit gesagt!!“, entsetzt sich Omi und lässt sich in den nächsten Sessel plumpsen.

Opa nickt nur vielsagend.

„Beeile dich Magdalena. Verständige sofort die Polizei!“ Großvater knallt den Hörer auf die Gabel.

Opa und Oma schauen sich schweigend an und machen so komische Gesichter, dass ich laut lachen muss.

„Es stimmt, was du uns erzählt hast, Flori. Wie ist das nur möglich?“, sinniert Opa und zieht an seinem rechten Ohrläppchen. Das macht er immer, wenn er etwas nicht gleich auf die Reihe bekommt. „Du warst also heute Nacht im Hause deiner Eltern. Wie bist du dorthin gekommen? Doch nicht zu Fuß und im Pyjama?”

Omi beginnt zu schluchzen.

„Hör auf zu heulen, Erni!“, fordert Opa streng. „Und du Flori, rede! Man kann auch im Traum manches erleben, das sich später als Wahrheit herausstellt.“

„Ich habe euch schon alles erzählt. Aber ich habe nicht geträumt. Ich war hellwach. Flu hat mich an der Hand genommen und flugs waren wir im Wohnzimmer meiner Eltern. Dort habe ich den Einbrecher gesehen und erkannt.“

„Wer hat euch die Tür aufgesperrt?“, schluchzt Omi.

„Niemand. Wir drangen ganz leicht durch Wände und Türen.“

„Ich halte das nicht durch!“ Omi fuchtelt mit den Händen nervös durch die Gegend. „Bin ich noch auf der Erde oder schon im Jenseits?!“

„Du bist auf der Erde, Omi“, freut sich Cri, „weil es heute wieder Pudding als Nachspeise gibt.“

„Da bin ich aber froh, mein Kleiner. Trotzdem geht es hier nicht mit rechten Dingen zu. Es ist geradezu unheimlich. Das macht mir Aaaangst!“

„Ich möchte auch fliegen, so wie Flori. Darf ich?“, bettelt Cri.

„Davon reden wir später“, entscheidet Opa.

Ich gebe ja zu, alles ist sehr rätselhaft und verwirrend. Hat man es aber selbst erlebt, ist es die einfachste Sache der Welt. Oma versucht sich abzulenken. Sie setzt Cri aufs Sofa und beginnt, ihn von seinem Bienenstichverband zu befreien. Mein kleiner Bruder schneidet Grimassen und stöhnt jämmerlich.

„Ihr seid mir schon zwei Helden!“ Omi hat sich wieder ein wenig beruhigt. Doch sie schickt einen langen Seufzer hinterher. „Der eine hat einen Freund, der alles durcheinanderwirbelt und der andere ist Weltmeister im Wehleidigsein. Was soll bloß aus euch werden?", klagt sie.

„Ich gehe jetzt und werde den Ast aus dem Teich herausholen, damit ich wieder einen klaren Kopf bekomme", sagt Opa.

„Wollt ihr zwei mitkommen und mir dabei helfen?"

Cri und Sunbeam rennen gleich los. Ich gehe mit Großpapa in den Schuppen, um das Fahrgestell für den Ast zu holen. Wir können ihn ja nicht auf dem Rücken nach Hause schleppen.

Wir brauchen lange und es ist harte Arbeit, bis wir den schweren Ast endlich an Land gezogen haben. Dann fahren wir ihn nach Hause, damit ihn Opa zersägen kann.

„Jetzt könnt ihr wenigstens nicht mehr von oben ins Wasser fallen", scherzt Opa und ich sehe, wie erleichtert er ist.

Das Mittagessen verläuft ohne besondere Störungen. Nachher hält Cri sein Schläfchen. Sunbeam wacht bei ihm. Ich laufe wieder hinüber zum Teich und setze mich ans Ufer. Es ist so still hier. Ich beobachte die Frösche und freue mich an der Schönheit der Seerosen. Alle Bäume, Tiere und Blumen ringsum scheinen glücklich zu sein. Irgendwie bin ich es auch. Wenn nur dieses ständige Verlangen nach Flu nicht wäre.

Plötzlich bemerke ich, wie das Wasser in der Mitte des Teiches kreisrunde Wellen wirft. Fasziniert schaue ich zu. Da! Ein wunderschönes Mädchen taucht auf. Ich kann es nicht glauben. Deshalb zwick ich mich in den Arm und reibe an meinen Augen bis es schmerzt. Aber ich sehe diese helle Gestalt noch immer. Ich springe auf und laufe am Teichufer einige Male hin und her. Schließlich bleibe ich stehen, um das zarte Wesen noch genauer zu beobachten.

Ich bin ganz hingerissen. Das Mädchen zieht mich wie ein Magnet an. Es ist so fein, so durchsichtig und doch hat es eine sichtbare Gestalt. Flugs hüpfe ich ins Wasser, um ihr ganz nahe zu sein. Ich habe vergessen, meine Kleider auszuziehen. Schon bin ich diesem lieblichen Geschöpf ganz nahe. Gerne möchte ich es umarmen, aber das wage ich dann doch nicht. So was von schön! Das Kleid schimmert wie Silber und ist viel feiner als die kostbarste Seide. Ich kann mich nicht satt sehen.

„Da bin ich wieder!", höre ich das Wesen sagen.

„Wieder?", staune ich. „Ich sehe dich heute zum ersten Mal."

„Habe ich dir nicht gesagt, dass ich jede Gestalt annehmen kann, Flori?"

„Flu!! Flu!!" Ich stotterte verwirrtes Zeug, weil ich es nicht fassen kann. Aus übergroßer Freude tauche ich unter. Als ich wieder hochkomme, ist die Nixe verschwunden.

Enttäuscht schwimme ich ans Ufer. Großvater steht da und schaut bitterböse drein.

„Wenn du wieder einmal schwimmen willst, zieh vorher die Kleider aus!"

„Tut mir leid, Opa", sage ich schuldbewusst und überlege fieberhaft, ob ich ihm von der Nixe erzählen soll. Aber dann lasse ich es bleiben.

„Ich will es wissen, Flori! Warum springst du mit Hemd und Hose in den Teich? Das ist doch nicht normal. Red schon!"

„Du glaubst mir ja doch nicht."

„Versuch es trotzdem."

Da bleibt mir nichts anderes übrig. „Flu ist mir als Wassernixe erschienen. Sie war so schön, dass ich vergessen habe, mich auszuziehen."

„Vergiss es! Die Sonne scheint. Das war eine Wasserspiegelung."

„Du glaubst mir nicht!", sage ich enttäuscht.

„Ich mache mir bloß Sorgen. Der freche, faule Flori war mir beinahe lieber als der Unruhestifter, der du geworden bist."

„Flu wird keinem von uns Leid zufügen oder mich täuschen. Warum begreift das keiner?! Er möchte den Menschen helfen, besonders meinem Vater, deinem Sohn. Auch deshalb ist er zu mir als Freund gekommen."

„Dein Vater kann sich alleine helfen. Ihm fehlt nichts. Das beweist, dass dein angeblicher Freund Unsinn redet."

Ich bin von Opa enttäuscht. Rasch steige ich aus dem Wasser, ziehe meine nassen Kleider aus und lege sie in die Sonne. Splitternackt stehe ich vor Großpapa.

„So kannst du nicht herumlaufen", murrt er.

Flugs hüpfe ich wieder in den Teich. Ich schwimme und tauche abwechselnd, um meine Enttäuschung abzureagieren. Opa beobachtet mich. Irgendwie schaut er mitgenommen aus von den Aufregungen der letzten Tage. Eigentlich geschah nur Gutes und Schönes. Aber meine Großeltern hören nicht auf, sich zu ärgern. Omi würde Flu am liebsten ins Pfefferland schicken. Ich weiß nicht, was Opa gerade denkt. Aber plötzlich ist da eine Stimme. Ich erkenne sie sofort. Opa hört sie auch. Er sieht nämlich ziemlich verdattert aus.

„Florian ist ein ganz normales Kind. Du brauchst dir keine Sorgen zu machen, Opa Wolke.

Ich bin Flu, Floris Freund und auch deiner, wenn du es möchtest."

„Du lieber Himmel!", japst Opa.

„Ich komme aus der Unendlichkeit", fährt die Stimme fort. „Eure Erde ist nur ein winziges aber wunderschönes Teilchen davon. Ich beherrsche die Elemente dieser Erde, weil ich auf einer höheren Ebene zu Hause bin. Eines Tages, wenn die Menschen ihre Schwächen abgelegt haben, werden auch sie wieder die Herren über die Elemente und auch über ihre Körper sein. Floris große Sehnsucht nach einem Freund hat mich angezogen. Dein Enkel sagt die Wahrheit. Glaube ihm und mache das Beste daraus."

Ich denke, Opa hat einen Schock. Rasch steige ich aus dem Wasser und schlüpfe in die inzwischen trockenen Kleider. Dann zupfe ich Opa am Hemdärmel, weil er noch immer wie angewurzelt dasteht.

„Lass uns nach Hause gehen", flüstere ich, um ihn nicht aufs neue zu erschrecken. „Das ist alles ein wenig zuviel für dich!"

Auf dem Weg zur Arche schweigt Opa. Zu Hause setzt er sich aufs Sofa und schweigt weiter.

„Was ist mit dir, Willi?", fragt Omi besorgt. Die Falten auf ihrer Stirn sind plötzlich ganz tief. „Hast du die Sprache verloren?"

„Opa hat drüben am Teich eine Stimme gehört", versuche ich aufzuklären.

„Er auch? Eine Stimme!", kreischt Omi und beginnt wieder einmal mit ihren Händen herumzufuchteln. Sie ist wie elektrisiert. Dann fängt sie auch noch an, von einem Bein auf das andere zu trippeln.

„Möchtest du tanzen, Omi?", fragt Cri.

„Unser altes Leben will ich wieder haben! Himmeldonnerwetter! Was kommt denn noch alles auf uns zu?", jammert sie.

„Besuch aus der Unendlichkeit des Weltenraums", sagt Opa. Er hat seine Stimme wiedergefunden.

„Aus der Unendlichkeit?", kreischt Omi. „Wird ja immer schlimmer."

Cri ist in letzter Zeit stiller geworden. Das sind wir gar nicht gewohnt. Und das, obwohl ihm in letzter Zeit niemand so viel Aufmerksamkeit entgegen bringt, wie er es gewohnt ist. Er sitzt auf dem Sessel, so klein und schaut uns an mit seinem großen wasserblauen Augen. Ein bisschen tut er mir leid. Ich werde Flu bitten, ihm zu helfen. Das nehme ich mir jedenfalls vor.

Ein Auto hupt. Es ist bereits spät am Nachmittag.

„Das ist eure Mutter", prophezeit Opa.

Cri und ich laufen ihr entgegen, um sie zu umarmen. Aber Mutti lässt sich diesmal nicht aufhalten, sondern stürmt ins Haus.

„Es ist unglaublich! Einfach unglaublich! Der Dieb ist gefasst."

„Herr Hollerich", sage ich stolz.

„Ja, woher könnt ihr das wissen?"

„Flori träumt unwahrscheinliche Dinge", lügt Opa. „Es ist nichts Besonderes, nur ein Traum. So etwas soll es geben."

„Das glaube ich nicht. Was ist hier los, Vater?"

Opa versucht Ruhe zu bewahren. Omi steht im Eck und schluchzt in ihren Schürzenzipfel.

„Setz dich, Magdalena!"

Großvater bemüht sich, die Angelegenheit als Traum glaubhaft zu machen. Er redet und redet. Immer um den heißen Brei herum. Der Name Flu fällt nicht. Ich finde das nicht nur feige, sondern auch äußerst langweilig. Cri und ich sind irgendwann eingeschlafen. Ich weiß gar nicht, wie wir ins Bett gekommen sind. In dieser Nacht habe ich nichts erlebt, nur traumlos geschlafen.

Wiederholt hat mir Flu versichert, dass keinem von uns irgend ein Leid geschieht. Opas Neugier nimmt zu. Auch wenn er es sich nicht eingesteht. Besonders Oma gegenüber. Trotzdem versucht er, ihr die Angst vor dem Unbekannten zu nehmen.

„Erni, sieh es einfach so: Das Universum, diese Unendlichkeit, der Weltenraum, wie wir es auch nennen mögen, ist die Wohnstätte für alle Kinder des Allvaters."

„Hast du Kontakt zum Allvater? Willi, ich fange an, mich vor dir zu fürchten! Du bist übergeschnappt. Ach, komm doch wieder runter auf die Erde, in unseren gewohnten Alltag!"

„Wer in seinem Leben nichts mehr verändern will, ist alt. Ich möchte nicht dazugehören. Warum hörst du mir nicht einfach in Ruhe zu, Erni? Sieh nur, heute sind wir Erdenbewohner. Zur Zeit ist das unsere Welt. In der Zukunft wohnen wir vielleicht auf einer feineren, besseren Welt, auf dieser Erde oder jenseits von ihr. Was ist daran so schlimm? Wir leben jetzt und später!"

„Ich weiß nicht, ich weiß nicht, Willi. Du redest wirres Zeug. Ich weiß überhaupt nichts mehr!" Großmutter schüttelt den Kopf und es hat den Anschein, als könne sie damit nicht mehr aufhören.

„Oma!", kichert Cri, „hast du den Frostschüttel?"

„Genauso fühle ich mich", gibt Omi zu. „Und das alles nur wegen diesem... Ihr wisst schon. Wir haben keine Ahnung, ob es ihn tatsächlich gibt. Es kann alles Einbildung sein, dass ihr Stimmen hört und ihn sogar seht."

„Du redest totalen Unsinn, mein Kind!"

„Waaas?! Mein Kind? Ich bin deine Frau, Willi!"

„Aber ja, Erni. Das weiß hier jeder. Man sieht es dir auch an, dass du nicht mehr so jung bist!" „Na warte, Willi!", droht Oma. „Noch so eine Beleidigung! Wo sind wir nur hingeraten?"

„In ein aufregendes Dasein", sagt Opa. „Wer hat Cri vor dem Ertrinken gerettet? Wo ist Floris schlechte Note geblieben? Ein Einbrecher wurde überführt! Ich habe Flus Stimme gehört und Flori hat eine Nixe gesehen.

Das alles sind keine Zufälle. Ich glaube überhaupt nicht an Zufälle, meine Liebe. Auch unser erstes Zusammentreffen war keiner. Weißt du es noch?"

„So etwas vergisst man nicht!" Omi lächelt und scheint ein wenig milder gestimmt. „Ich bin auf dem Gehsteig gestolpert, habe mir den Knöchel verstaucht und konnte nicht mehr auftreten. Du bist mir zu Hilfe gekommen und hast mich nach Hause gebracht."

„Ich bin dir zugefallen!", scherzt Opa. „Ja, ich weiß, wir wurden von einer höheren Macht zusammengeführt, wie du schon immer behauptet hast. Aber, meine liebe Erni, wo ist da dein Beweis? Und doch glaubst du felsenfest daran. Und das ist auch gut so. Ich glaube auch an einer höhere Macht, die unsere Geschicke leitet. Und doch bleiben wir frei in unseren Entscheidungen. Du hast dich für mich entschieden. Niemand hat dich dazu gezwungen."

„Wäre ja noch schöner. Im übrigen ist das über vierzig Jahre her", meint Omi eine Spur freundlicher und hält den Kopf ein wenig schief. Das tut sie immer, wenn sie über etwas Schönes nachdenkt.

„Und dann kommt da so ein ungewöhnliches Wesen und hilft uns, dies und jenes besser und schneller zu begreifen. Sollten wir da nicht dankbar sein?"

„Vielleicht hast du sogar recht, Willi. Aber wie soll das weiter gehen? Die Leute werden über uns lachen. Auf Dauer lässt sich so etwas nicht verheimlichen."

„Das nehmen wir in Kauf. Es ist schon über vieles gelacht worden, was später von der ganzen Welt bestaunt worden ist. Denk nur an Galilei. Er hat behauptet, dass die Erde in 365 Tagen die Sonne umkreist. Dafür ist er beschimpft und verurteilt worden. Heute wird er verehrt und bewundert, weil er recht hatte."

„Das nützt ihm auch nichts mehr. Er ist tot."

„Wir werden unsere Erfahrungen für uns behalten, solange es möglich ist und glücklich damit sein."

Opa steht auf und geht in seine Werkstatt. Ich glaube, er ist stolz auf seine Überredungskunst. Es wird nicht mehr allzu lange dauern, bis auch Omi ihre Ängste verliert. Jetzt greift sie nach einem Glas und füllt es mit Quellwasser.

„Trink nur, Omi Wolke!", ist da plötzlich eine Stimme. Omi lässt das Glas fallen. Sie macht ein Gesicht, als ob sie soeben den Wolf getroffen hätte, der Rotkäppchens Großmutter verschlungen hat. Jetzt beginnt sie auch noch zu zittern und zu schluchzen.

Opa hat seinen Entwurf für die neue Skulptur in der Küche liegen lassen und kommt deshalb zurück.

„Was ist mit dir, Erni?", fragt er besorgt. Dann sieht er die Glasscherben und räumt sie weg. Oma steht da mit weit aufgerissenen Augen und unfähig, sich zu bewegen.

„Er hat – zu mir... gesprochen, Williii! Vielleicht bilde ich mir aber auch alles – nur ein!", klagt sie.

„Tust du nicht!", ist da wieder dieselbe liebevolle Stimme.

„Es ist unser Flu!", triumphiert Opa. „Du kannst ihn jetzt auch hören, Erni. Was machst du nur für ein zerrüttetes Gesicht? Freue dich! Kannst du unseren kleinen Freund nicht endlich akzeptieren?"

„Aber – er kommt doch aus dem – Universum. Vielleicht von der Milchstraße oder..."

„Vom Siebengestirn, den Pleaden", ist da wieder diese Stimme. „Das alles spielt keine Rolle, Omi Wolke."

„Wenn uns dieser Flu aber entführt? Das kommt doch immer wieder vor. Ich habe es im Fernsehen gesehen. Was machen wir dann? Und wie bringen wir das Magdalena bei?"

„Omi!!", fahre ich dazwischen. „Flu ist auf die Erde gekommen, um zu helfen und Gutes zu tun. Den Menschen Wahrheiten aufzuzeigen, von denen sie noch keine Ahnung haben. Das hat er gesagt. Keinem von uns wird ein Leid geschehen. Auch das hat er versprochen. Du leidest nur, weil du an ihm zweifelst."

Flori hat recht", bestätigt Opa meine lange Rede. „Deine Ängste kommen aus dir. Flu hat nichts damit zu tun. Sobald die Schule anfängt, wird er sich wahrscheinlich wieder verabschieden. Er würde die Kinder sonst vom Lernen abhalten. Deshalb sollten wir die Ferien mit ihm genießen."

„Nein! Und nochmals nein! Ich habe mir diese Stimme eingebildet. Kein Wunder bei dem Durcheinander der letzten Tage. Und jetzt ist Schluss damit!"

„Schon gut, Lady Griesgram", sagt Opa sichtlich enttäuscht. „Wenn du es so haben willst, soll es uns recht sein. Aber behalte in Zukunft deine Meinung fir dich. Jeder, wie er gerne möchte. Ich gehe jetzt in meine Werkstatt", fügt Opa nicht gerade freundlich hinzu.

Noch ehe es dazu kommt, steht plötzlich eine Erdbeertorte auf dem Tisch. Wir alle starren darauf nieder. Nur Cri ist nicht erstaunt. Er springt auf, holt sich Messer und Teller, schneidet ein Stück herunter und beginnt zu mampfen.

„Das ist – doch meine – Erdbeertorte!", gackert Omi. „Ich mache sie nur im Frühling. Wo kommt sie her? Ich habe sie nicht gebacken. Nein, ich nicht! Um Himmels willen!"

„Sie ist ein Geschenk an dich, Omi Wolke", ist da wieder Flus Stimme.

Omi schnappt nach Luft. „Hört – ihr was ich – höre?"

„Ja. Kannst du dich nicht endlich freuen, so wie wir?", versucht es Opa noch einmal.

„Die heilige Johanna von Orleans hat auch Stimmen gehört. Sie ist auf dem Scheiterhaufen gelandet. Nein, danke!"

„Wir leben heute nicht mehr im Mittelalter. Die Menschheit hat sich weiter entwickelt. Vergiss die Torte nicht!"

„Ich kann selber backen!" Omi bleibt stur.

„Auch gut", sagt Flu und lässt die Torte verschwinden. Sein fröhliches Lachen ist zu hören.

„Das geht doch nicht mit rechten Dingen zu!", ruft Oma aufgebracht und starrt auf den leeren Tisch.

„Du wolltest das Geschenk nicht haben. Also hat es Flu zurückgenommen. Was ist daran verkehrt? Im Übrigen schäme ich mich für dich, Erni!" Opa zeigt, wie enttäuscht er ist.

Omi ist nun total verwirrt, denn plötzlich steht ein Strauß Mohnblumen auf dem Tisch. Omis Lieblingsblumen. Ich fasse mich zuerst.

„Danke, Flu!", rufe ich. „Die Blumen sind wunderschön!"

„Hättest du dich für die Torte bedankt", flüstert Opa, „könnten wir jetzt die Torte genießen. Das hat doch nichts mit deiner Kochkunst zu tun. Flu wollte dir lediglich eine Freude machen."

„Wahrscheinlich hast du recht, Willi. Aber das alles will einfach nicht in meinen Kopf. Was kann ich nur dagegen tun?"

„Freue dich, so wie wir es tun."

„Danke, Flu", flüstert Omi zaghaft und ein wenig verschämt, „für deine Geschenke."

Augenblicklich steht die Torte wieder auf dem Tisch. Und zwar die ganze. Cris Stück ist auch wieder dran.

„Setzt euch und esst!", lädt Flus freundliche Stimme ein. Wir folgen seinem Rat und Omi behauptet, die Torte schmecke genau so köstlich wie ihre selbst gebackene. Und dieses Geständnis will was heißen.

„In einem Zeitalter wie diesem gehören solche Kleinigkeiten zum Leben", schwärmt Opa. Er ist in Hochstimmung.

„Kleinigkeiten?!", widerspricht Omi. „ich falle von einem Schock in den nächsten und du nennst das Kleinigkeiten? Ich weiß ja nicht viel über eueren kleinen Freund. Du tuschelst da ständig mit den Kindern und lässt mich im Regen stehen. Ist es dann ein Wunder, dass ich nichts begreife?"

„Du warst nie bereit zuzuhören. Aber wenn du es willst, werde ich dir alles erzählen, was ich über Flu weiß. Komm her zu mir!", sagt Opa liebevoll. Er steht auf und geht zu ihr hin, da Omi sich nicht vom Fleck rührt. Es sieht lustig aus, wenn sich die beiden gegenüberstehen. Großvater ist ziemlich groß. Er hat einen grauen Wuschelkopf und meist Bartstoppeln, weil er vor lauter Arbeit immer wieder vergisst, sich zu rasieren.

Opa hat wasserblaue Augen, genau wie Cri. Nur seine laufen nicht ständig über. Wenn er die Zeitung liest, setzt er eine Brille auf, die er nachher überall liegen lässt und die Omi wieder finden muss. Opa ist der netteste Mann auf dem gesamten Erdball. Er hilft jedem, der Hilfe braucht. Vielleicht ist Flu deshalb zu uns gekommen, weil wir einen so tollen Opa haben. Ich möchte auch einmal so werden wie er. Unsere Omi hat uns auch sehr lieb. Aber doch ganz anders. Sie kann bestens kochen. Wenn unsere Oma neben Opa steht, sieht sie noch winziger aus, als sie ohnehin schon ist. Die beiden haben sich sehr lieb. Das wissen wir alle.

Auch falls sie nicht immer einer Meinung sind. Wenn Oma etwas nicht passt, verdrückt sich Opa meist in seine Werkstatt.

„Ich werde den Rest der Torte wegräumen", sagt Omi, „ehe sie Flu wieder holt oder sich Cri den Magen verdirbt."

„Mach das. Nachher werden wir dir alles erzählen, was die Kinder und ich über Flu wissen."

Omi nickt lebhaft. Sie ist neugierig geworden. Trotzdem steckt noch immer ein wenig Angst in ihr.

Da sitzen wir nun alle um den Küchentisch und Opa beginnt:

„Flu kann sich aus den Elementen jeden beliebigen Körper schaffen. Verstehst du das, Erni? Jeden Körper?"

„Jeden?", staunt Omi. „Auch einen neuen für den alten? Ich denke da an uns beide? Auch den eines Löwen oder was es sonst noch an Ungeziefer gibt?"

„Wir werden noch einiges erleben, was uns betrifft. Natürlich kann sich Flu in einen Löwen verwandeln. Aber das macht er nur, wenn es ihm aus irgend einem Grund nötig erscheint. Er wird dich niemals erschrecken.“

„Hat er schon getan! Ich bin vor Schreck beinahe tot umgefallen, als ich plötzlich diese Stimme hörte und niemand sah.

„Aber doch nur beinahe“, scherzt Opa.

Ein Weilchen denkt Oma angestrengt nach. Dann fragt sie lauernd: „Wenn das stimmt, was du da erzählst, dann müsste Flu meinen Körper tatsächlich umgestalten können!“

„Was meinst du mit umgestalten?“

„Einen neuen für den alten! Habe ich doch schon gesagt. Jetzt begreifst aber du rein gar nichts, Willi!“

„Omi möchte wieder jung sein!“, kläre ich Opa auf.

„Der Bub hat es begriffen. Stell dir vor, Willi, noch einmal jung sein! Gar nicht auszudenken“, schwärmt sie. „So voll Lebensfreude und Energie! So aussehen wie mit zwanzig oder dreißig! Donnerwetter!“ Omi ist nicht wieder zu erkennen. „Was macht er denn noch, unser Kleiner? Jetzt will ich alles wissen!“

„Flu kann sich nicht nur aus den Elementen irgend einen Körper schaffen oder einen bestehenden verändern, es ist ihm auch möglich, in andere Körper einzudringen und aus ihnen zu sprechen. Gleich, ob es sich um Menschen, Tiere, Bäume oder Blumen handelt."

„Ja, bist du noch gescheit, Willi! Aber einen Bären lasse ich mir trotzdem nicht aufbinden. Wenn du so schamlos übertreibst, überfallen mich gleich wieder Zweifel. Ich gebe ja zu, Flu ist dabei, unsere kleine Welt total zu verändern. Ob nur zum Guten muss sich erst herausstellen."

„Gib acht, dass du nicht wieder auf deiner alten Fahrbahn landest", warnt Opa. „Dein Zug fährt sonst allein ab!"

„Welcher Zug?", fragt Cri. „Darf ich mitfahren?"

Wer so blöd fragen kann, verdient keine Antwort.

„Wir können uns gegen Flu nicht wehren, nicht wahr?", fragt Omi.

Opa ist entsetzt. „Willst du das noch immer?"

„Es ist alles so weit hergeholt, so unwahrscheinlich, was du mir da erzählst. Ich weiß gar nicht, ob ich das möchte. Mir fehlt noch immer der Glaube. Vielleicht ist alles nur ein Traum und wir wachen gleich auf."

Opa ist sichtlich verärgert. „Ich gehe jetzt in die Werkstatt. Mit dem Mittagessen brauchst du nicht auf mich zu warten."

„Tut mir leid, Willi! Wenn dies alles kein Traum ist, dann könnte es doch Täuschung sein. Irgend jemand hält uns zum Besten und bringt unser Leben total durcheinander."

„Wir haben von der Erdbeertorte gegessen", sagt Opa versöhnlicher. „Das war doch eine Tatsache! Aber ich werde dich in Zukunft nicht mehr bedrängen. Niemand wird zu etwas gezwungen."

Opa steht auf und geht zur Tür. Plötzlich ist da eine Stimme. Sie kommt aus der Ecke, wo Sunbeam sitzt. „Ich habe leider nichts von der Torte abbekommen."

Opa setzt sich wieder. Oma bleibt vor Staunen der Mund offen. Cri und ich sind die einzig Vernünftigen. Wir freuen uns. Sunbeam steht auf und setzt sich nahe an Omis Sessel. Sie streichelt über seinen Kopf. „Was war denn das?" fragt sie. Als sie mit dem Streicheln aufhört, sagt Sunbeam: „Mach weiter, es tut gut!

„Kannst du bauchreden, Willi?", fragt Oma gereizt.

Opa ist wütend. „Du bist unbelehrbar. Ich bin weg."

Cri springt auf. „Sunbeam und ich spazieren hinaus in die frische Luft, um sie zu schnappen!", verkündet er. Ich laufe hinter den beiden her. Es tut mir leid, dass durch Flu soviel Unruhe in die Arche gekommen ist. Wahrscheinlich muss das so sein.

Omi weigert sich schon wieder, ihn zu akzeptieren. Deshalb muss unser Freund stärker zupacken. So wie es Vati macht, wen ich etwas nicht kapieren will. Eigentlich müsste ich schon sehr lange Ohren haben, weil mich Vati immer, falls ich anderer Meinung bin als er, daran zieht.

Aber keiner von uns darf Omi an den Ohren ziehen. Nicht einmal Opa. Doch ich bin überzeugt: Flu hat seine eigenen Methoden. Irgendwann ist auch sie überzeugt.

Opa hält es in der Werkstatt nicht aus. Das ist ein Zeichen, dass er sehr verärgert ist. Er kommt in die Küche zurück und wir mit ihm.

„So ein Kasperltheater!", nörgelt Omi und steht auf.

„Setz dich, Erni!", befiehlt Opa geradezu.

Als Omi zögert, gibt ihr Opa einen Schubs. So eine Grobheit ist sie nicht gewohnt. Sie ist entsetzt und bringt kein Wort heraus.

„Du bist vielleicht ein ungläubiger Thomas!", sagt der Hund. „Wogegen wehrst du dich? Du erlebst Dinge, die zur Zeit nur wenigen Menschen vorbehalten sind. Statt dankbar zu sein, führst du dich auf wie eine Henne, die kein Nest zum Eierlegen findet."

Es ist jetzt mucksmäuschenstill in der Küche. Das dauert eine ganze Weile. Dann laufen wir Kinder mit Sunbeam wieder hinaus in den Sonnenschein. Oma macht sich schweigend am Herd zu schaffen und Opa geht nun endgültig zurück in seine Werkstatt.

Das Mittagessen verläuft ohne Zwischenfälle und sehr schweigsam.

Doch an diesem Abend haben Opa und Oma noch lange miteinander gesprochen. Ich habe sie vom Kinderzimmer aus gehört. Aber ich war viel zu müde, um zu lauschen.

Der nächste Morgen beginnt mit einem heftigen Gewitter, das aber schnell vorüber geht. Die ersten Sonnenstrahlen stimmen die Menschen wieder froh. Ein Regenbogen wölbt sich über dem Himmelszelt. Und ein eiliger Wind vertreibt die letzten Wölkchen.

Die folgenden Tage sind Cri und ich nur zu den Mahlzeiten in der Arche. Sobald sich Omi und Sunbeam über den Weg laufen, hebt sie den Zeigefinger und droht:

„Fang ja nicht wieder zu reden an, sonst streiche ich dir deine Mahlzeiten!"

Cri und ich halten uns viel am Teich auf. Mein kleiner Bruder hat sich in letzter Zeit sehr verändert. Er ist vernünftiger geworden. Auch heult er nicht mehr wegen jeder Kleinigkeit. Seine übertriebenen Ängste sind verschwunden. Flu ist auch sein Freund geworden. Für ihn ist das die selbstverständlichste Sache der Welt.

„Flori, komm her!", ruft Cri. „Hier kannst du was erleben! Beeile dich! Da ist eine dicke Nudel mit zwei Augen!"

Ich springe auf und was sehe ich? Eine Blindschleiche. „Lass sie in Ruhe! Du bist verrückt. Nudel mit zwei Augen?!"

Ich nehme mir vor, Cris Missverständnis Omi zu erzählen, damit sie wieder einmal von Herzen lachen kann. Meine Stimmung könnte zur Zeit nicht besser sein. Ich laufe am Bachufer entlang, jauchze, mache Luftsprünge oder ich trällere ein selbst erfundenes Liedchen.

„Flu, Flu, Flu! Komm her zu mir vom Weltenraum! Juchhu, mein kleiner, lieber Flu!"

Zwischendurch schlage ich Purzelbäume. Darin werde ich immer besser. Mitten in meinem Übermut streift mich ein schrecklicher Gedanke: Ich habe Opa versprochen, heute einen Aufsatz zu schreiben, obwohl im Zeugnis jetzt ein ‚genügend' steht. Da ich Opa nicht verärgern will, laufen Cri, Sunbeam und ich nach Hause. Ich hole Papier und Bleistift und setze mich in die Gartenlaube.

„Was machst du denn hier?", fragt Opa, der zufällig vorbei kommt.

„Ich gehorche."

„Wem?"

„Dir!"

„Wieso?"

„Soll ich nun einen Aufsatz schreiben oder niiicht?" „Worauf wartest du?"

„Auf ein Thema."

„Umweltverschmutzung", bestimmt Opa.

Ich knappere ein Weilchen an meinem Bleistift. Es fällt mir nichts Vernünftiges ein. Aber ich will nicht ewig hier sitzen. Der Bach lockt. Und vorher noch Omis Küche. Endlich erreichen mich einige Einfälle, die ich sofort niederschreibe, ohne besonders auf die Rechtschreibung zu achten. Hauptsache, ich kann der Welt einiges erklären. Also fange ich an:

Der Sommer ist brächtiges Jahr. Am Ende der Ferien ist der Herbst im Anzug. Dann verziehen sich die Frühlingsblumen und die Vögel eilen ins Auslant. Aber sie halten es dort nicht sehr lange aus. Opa sagt, es it eine schande, was mitunserer Erte passiert. Die menschen schmeisen alles weck. Keiner räumt auf Flu sagt, die Erde ist Millionen Jahre alt oder so.

Omi sagt, als ich noch nicht auf der Erde herumspazierte, war ich im Jenseids. Ich kann mich aber gar nicht erinnern. Der Leerer hat gesagd, das Menschen mehr Schmuz machen als Tiere. Das war als wir von der Endwiklung des Menschen zum Affen lernten. Opa meinte das wäre wohl umgekert. Dabei schaut er mich so durchdringend an. Er glaubt auch an den Weltuntergang. Omi behauptet aber, ehe die Welt untergeht, komt noch einmal die Nachbarin mit der Nase, die aussiet wie eine komische unterentwikelte Gurke und die stundenlang nicht zu reden aufhörd. Die Nachbarin, meine ich.

Endlich geschafft. Flugs laufe ich in die Küche und lege den Zettel auf den Tisch. Das ist der längste Aufsatz meines Lebens. Ich wundere mich selbst darüber. Dann suche ich Cri und wir laufen wieder hinunter zum Bach. Sofort beginnen wir mit dem Bau eines Wasserkraftwerkes. Ein sonderbares Geräusch lässt uns aufhorchen. Patsch,

patsch. Eine dicke Kröte kommt auf uns zu. Wir unterbrechen unsere Arbeit, um sie zu begrüßen. Plötzlich fegt mir ein furchtbarer Gedanke durch den Kopf.

„Bist du es Flu?!", rufe ich.

Aber die Kröte gibt keine Antwort. Ich bin froh. Flu als Kröte, muss ich nun wirklich nicht haben. Früher hätte Cri furchtbar geschrieen, wenn er von einer Kröte überrascht worden wäre. Aber das ist Vergangenheit. Mein kleiner Bruder findet die dicke Krötenmama sogar schön. Und das sagt er ihr auch. Gewiss freut sie sich darüber. Vielleicht werde ich einmal Tierforscher, wie der Konrad Lorenz. Als ich es bei der Kröte gleich ausprobieren will, ist sie verschwunden. Muss ich halt die Forschung auf später verschieben.

„Du hast Zeit, bist ja noch so jung!", sagt Omi immer, wenn ich ungeduldig bin. Wahrscheinlich hat sie recht.

„Weißt du es noch, Flori?", fragt Cri. „Opa sagte, dass die Graugänse ständig hinter dem Mann her waren, weil sie glaubten, er sei ihre Mutter. Eine Mutter kann doch nur eine Frau sein! Was meinst du?"

„So genau weiß ich das auch nicht", sage ich. „Vielleicht spielt das bei Gänsen keine Rolle. Wenn man jemand sehr lieb hat, ist es gleich, wie der aussieht oder was er ist."

„Opa sagt, die Graugänse sind schon erforscht."

„Dann nehme ich eben die Löwen. An die wagt sich sowieso sonst keiner ran."

„Wenn aber die Löwen ständig hinter dir her sind, wie die Graugänse hinter dem Lorenz, was machst du dann, Flori?", ängstigt sich Cri. „Das ist doch gefährlich. Wie kannst du dann noch forschen?"

„Es gibt immer einen Ausweg", versuche ich meinen Bruder zu beruhigen. „Du kennst doch die Geschichte vom Daniel in der Löwengrube? Opa hat sie uns schon viele Male erzählt. Dem Daniel haben die Löwen auch nichts getan, obwohl sie sehr hungrig waren."

„Kannst du dich aber darauf verlassen, Flori? Wenn dich die Viecher erst einmal im Maul haben, ist es zu spät."

„Ich werde darüber nachdenken", verspreche ich. „Aber Löwen sind mir lieber, als die stinkenden Autos in der Stadt. Vielleicht baue ich mir aber auch eine Hütte im Dschungel wie der Tarzan."

„Wann?", fragt Cri, ganz hingerissen von der Neuigkeit.
„Nicht sofort, aber bald!"

„Ich komme mit dir, Flori. Aber was sagen wir Mami? Ich bin doch noch zu klein für den Dschungel. Lesen und schreiben kann ich auch noch nicht."

„Mit Mami rede ich. Im Dschungel gibt es nichts zu lesen oder zu schreiben. Eine Schule ist dort überflüssig. Wir lernen alles von den Affen. Schon deshalb zieht es mich in die Wildnis. Die Elefanten, Tiger und Rhinozerosse können auch nicht lesen."

„Weißt du es noch, Flori, als wir einmal mit Opa im Tierpark waren? Da ist so ein riesiges Rhinozeros ständig hinter einem anderen hergerannt. Warum eigentlich?"

„Vielleicht wollten sie heiraten", sage ich.

„Heiraten Rhinozerosse auch?", staunt mein kleiner Bruder.

„Nur Rhinozerosse!"

„Woher weißt du das?"

„Vati hat einmal zu Mutti gesagt: Was war ich doch für ein Rhinozeros, als ich geheiratet habe. Meine ganze Unabhängigkeit ist flöten gegangen."

„Ich wusste gar nicht, dass Vati Flöte spielen kann."

„Kann er auch nicht. Erwachsene kann man nicht immer verstehen. Das musst du dir merken, Cri."

Wir waren so in unser Gespräch vertieft, dass wir Oma gar nicht bemerken. Sie steht plötzlich da und setzt sich neben Sunbeam ins Gras. Ich denke angestrengt nach, weil ich Omi unbedingt einmal etwas Nettes sagen möchte.

„Guten Tag, wunderschöne Frau!", sage ich und verbeuge mich ganz tief Statt sich zu freuen, macht Großmama ein enttäuschtes Gesicht. „Willst du einen Affen aus mir machen?", schimpft sie.

„Einen Affen?", kreischt Cri. „Kommst du dann mit in den Dschungel, Omi?"

„Aber klar doch!", lacht Omi. Und dann passiert es.

Während Großmama laut lacht, fallen ihr die Zähne fast aus dem Mund. Ich weiß ja Bescheid. Die Dritten und so. Aber Cri hat keine Ahnung.

„Sind deine Zähne nicht angewachsen?", fragt er.

„Das erkläre ich dir ein anderes Mal, Cri. Ich bin nur gekommen, um nachzusehen, ob es euch noch gibt. Gesund und munter, meine ich. Wo ist euer Freund?"

Ehe wir etwas sagen konnten, steht Flu vor uns. Oma springt wie elektrisiert auf Sie hat ihn noch nie gesehen, nur gehört. Als Omi die Flucht ergreift, hält sie Flu zurück:

„Bleib hier, Omi Wolke!"

Großmutter starrt Flu mit weit aufgerissenen Augen an. „Fluuuu! Flu...uu...fluuu!, stottert sie und bleibt wie angewurzelt stehen.

„Ich möchte dir eine Freude machen", sagt Flu, „deshalb werde ich dir Chrysanth schicken. Sie ist eine Blumenfee und wird deinen Garten noch ein wenig verschönen."

Omi ist enttäuscht. „Verschönen? Das ist völlig unnötig. Ich tue alles far meinen Garten und will nicht, dass sich andere einmischen", sagt sie mutig.

„So ist das nicht gemeint, Omi Wolke. Keiner kann es besser machen als du", versucht sie Flu zu besänftigen. Außer dieser Jemand hat außergewöhnliche Kräfte."

„Du beherrscht die Elemente. Das behauptet jedenfalls mein Willi. Wäre es da nicht besser, du und deine Blumenfee würden die Erde von allem Unrat reinigen, statt in meinem Garten zu buddeln? Macht das trübe Wasser klar, damit sich die Fische wieder ihres Lebens freuen können! In manchen Gegenden herrscht Dürre, andere Landstriche werden überschwemmt. Kannst du das zurechtrücken oder nicht?"

„Können schon", antwortet Flu. „Aber ich werde es nicht tun."

„Nein?!", staunt Omi.

„Du willst doch Gutes tun. Oder hast du deine Meinung geändert?"

„Habe ich nicht. Ich bin auf die Erde gekommen, um zu helfen. Aber die Hilfe, wie du sie vorschlägst, würde den Menschen nichts bringen. Erst wenn die Erdenbewohner begreifen, dass sie selbst die Verantwortung für ihre Wohnstatt tragen, kann ich eingreifen. Verstehst du das, Omi Wolke?"

„Du meinst, der Mensch muss gutmachen, was er zerstört hat? Aber sich in meinem Garten wichtig zu machen, bringt auch nichts. Ich erledige meine Arbeit am liebsten selbst."

„Du hast immer dein Bestes getan, Omi Wolke. Und gerade deshalb bekommst du noch etwas dazu. Begreif das endlich, statt immer nur ein Haar in der Suppe zu finden."

„Wo ist die Suppe?", fragt Cri.

„Halt dich da raus, mein Kleiner", sagt Omi und seufzt gleich zweimal hintereinander. „Was die Menschen falsch machen, müssen sie selbst wieder in Ordnung bringen. Das hast du doch so gemeint, nicht wahr?"

„Ja. Erst wenn jemand einsieht, dass seine Handlung falsch war und gewillt ist, gutzumachen, greife ich ein. Wird ein Unrecht nicht erkannt, entwickelt sich der Mensch nicht weiter. Nur darum geht es."

„Wohin entwickeln?"

„Zum besseren Menschen und schließlich zum vollkommenen Erdenbürger, der die Elemente beherrscht und aus dem blauen Planeten wieder das wunderbarste Schmuckstück im großen Weltenraum machst."

„Das hast du aber schön gesagt, Flu! Darf ich dich berühren? Ich möchte wissen, ob du echt bist!"

Flu lacht. Omi bewundert seine schneeweißen Zähne.

„Die möchte ich auch haben! Wie alt bist du eigentlich? Du siehst zwar aus wie ein Kind, bist aber ein Weiser. Daran glaube ich nun auch langsam", gibt sie zu.

„Ich habe kein Alter, Omi Wolke. Das ist für dich nicht ganz einfach zu begreifen. Ich kenne weder Zeit noch Raum."

„Meinst du damit Entfernungen und Jahre?"

„Ganz recht. Es genügt ein Augenblick und ich umkreise die Welt. Was ich möchte, geschieht. Aber das war nicht immer so. Auch ich habe mich entwickelt. Verstehst du das, Omi Wolke?"

„Ich weiß nicht recht. Aber ich denke darüber nach."

Cri sucht Flus Nähe und ist einfach glücklich. Sein Erscheinen macht und alle froh, auch wenn er sich nicht immer nur mit uns unterhält.

„Eines Tages", fährt Flu fort, Omi zu unterweisen, „werden die Menschen ihr Lebensalter selbst bestimmen können. Den Tod, wie ihr ihn heute kennt, wird es dann nicht mehr geben. Das Licht des Allvaters wird die Menschheit und mit ihr alle Kreatur auf eine höhere Ebene führen. Und die Krone der Schöpfung wird dann die ihr von Anfang an gestellte Aufgabe voll erfüllen. Es bewahrheiten sich die Worte des Propheten: „Das Lamm wird beim Löwen liegen und er wird Heu fressen, wie die Kuh."

„Ich kann es nicht fassen, was ich da zu hören bekomme, Flu!" Omi ist überwältigt von all diesen Neuigkeiten. Dennoch fragt sie: „Das ist weit entfernte Zukunftsmusik. Stimmt's, Flu? Wir werden das sicher nicht mehr erleben."

„Es kommt auf den einzelnen an, liebe Frau Wolke. Jeder erlebt im Außen, was er im Inneren fühlt."

„Ach, mein lieber Flu!", ruft Omi, begeistert von seiner wohltuenden Nähe. Sie möchte noch mehr über die Zukunft erfahren, die Flu in so wunderbaren Farben schildert. Deshalb gesteht sie ihm:

„Mir machen meine Jahre zu schaffen. Willi sagt, wenn du in seiner Nähe bist, sind die Ängste vor dem Alter wie weggeblasen. Ich spüre es jetzt auch. Bin ich aber mit meinem Ehemann allein, kommen sie angekrochen. Es macht mich traurig, dass wir diesem Schicksal so hilflos ausgeliefert sind! Und wir fühlen uns alleingelassen von Gott und deinem Universum."

„Im gesamten Weltenraum ist niemand allein, wenn er es nicht selbst will", fährt Flu fort, uns aufzuklären. „Der Baum hat seinen Faun. In der Blume wohnt die Elfe. Die Erde hat ihre Zwerge und Kobolde. Auch Tiere haben ihre unsichtbaren Helfer. Allein der Mensch ist imstande, die Harmonie der Schöpfung zu zerstören."

„Er hat es zur Genüge getan", sagt Großmutter. „Hat denn der Mensch keine Helfer?"

„Doch. Es ist die Stimme des Ewigen Geistes in ihm. Um wirklich glücklich zu sein, braucht er nur darauf zu hören. Aber die meisten Bewohner dieser Erde haben aufgehört, auf die Wunderstimme zu lauschen. Die Folge ist das gegenwärtige Chaos auf diesem Planeten."

„Folge ich dieser Stimme, geht es mir gut. Das meinst du doch?", fragt Omi.

„Ja. In naher Zukunft wird der Mensch in vollkommener Harmonie mit sich und der Umwelt zu leben verstehen."

„Wirklich? Wird es uns dann auch gelingen, unsere Lebensspanne einige Jahre zu verlängern?"

„Nicht nur einige Jahre, Omi Wolke. Es wird dir möglich sein, so viele Jahre anzuhängen, wie du möchtest, ohne zu altern", sagt Flu und lacht über Omis erstauntes Gesicht.

„Mein lieber kleiner Flu", schwärmt sie, zutiefst berührt von dem eben Gehörten. „Das alles klingt zwar unwahrscheinlich. Und doch glaube ich dir. Oder träume ich?"

„Du bist hellwach und befindest dich auf der Erde", beruhigt Flu. „Hör mir einfach weiter zu, Omi Wolke. Ihr habt meine Kräfte erlebt und ward darüber erstaunt. Aber auch ihr besitzt diese Energie. Sie ist in euch wie in mir. Viele Menschen wissen es nur nicht. Andere sind davon überzeugt, können aber nicht damit umgehen. Seht nur, diese Dotterblume! Erde, Wasser Sonne und Luft geben ihr in Fülle, was sie zum Leben braucht. Sie muss sich nicht darum bemühen. Alles ist da. Die Blume kann nichts falsch machen, denn sie wird von den Naturkräften geleitet. Nur der Mensch ist frei in seinen Entscheidungen. Er kann diese Lebenskraft missbrauchen."

„Aber er muss wieder gutmachen, nicht wahr?"

„Ja, Omi Wolke. So lautet das Gesetz des Weltalls. Es gibt keinen strafenden Gott, wie euch gelehrt wurde."

„Und was ist mit der Hölle?" Omis Neugier ist nicht zu bremsen.

„Himmel und Hölle sind in den Herzen der Menschen, nur dort.“ „Davon bin ich überzeugt.“

„Durch ein Leben in Harmonie und Freude mit sich und seiner Umwelt wird der Mensch eines Tages sogar unsterblich. Das ist eine ganz natürliche Folge.“

„Un – unsterblich?“, stottert Omi. „Aber mein kleiner Freund, das ist unmööööglich! Wo sollen denn die vielen Menschen leben? Schon heute hungern Millionen. Die Erde kann sie nicht mehr ernähren.“

„Wenn der Mensch bereit ist, regelt sich alles von allein“, versucht Flu unsere aufgebrachte Omi zu beruhigen. „Die Körper der Menschen werden dann immer leichter. Und die Nahrung gleicht sich an. Man wird gar nicht mehr wissen, was eine Hungersnot ist. Es gibt dann auch keinen Grund mehr, den alten Körper abzulegen, weil du ihn ja ständig erneuern kannst. Ist das nicht großartig?“

„Kann man wohl sagen. Aber das alles liegt wohl in weiter Ferne. Und das macht mich ja schon wieder traurig.“

„Auch dafür gibt es keinen Grund“, sagt Flu. „Es kommt nämlich ganz auf den einzelnen an, warm er dieses Ziel erreicht. Keinem fällt es in den Schoß. Nur durch eigene Anstrengung wird der Mensch zum Gewinner.“

Omi beginnt plötzlich herzzerreißend zu schluchzen.

„Verzeih mir, Flu! Ich habe dich nicht immer gut behandelt. Wie hätte ich auch wissen sollen, wer du wirklich bist!"

„Es war alles so neu für dich. Ich verstehe das, Omi Wolke. Aber bedenke: Ihr wurdet auserwählt, um zu erleben, was eines Tages allen Menschen zugedacht ist. Ihr seid der Zeit nur ein wenig voraus."

„Flu!! „, krächzt Cri. „Fori und ich sind auch noch da! Du hast uns doch nicht vergessen?"

„Aber nein, mein kleiner Freund! Das wird niemals geschehen."

„Bitte, Flu, erzähl uns eine Geschichte. Vielleicht die vom Rotkäppchen?"

„Mein kleines Mädchen mit dem roten Käppchen benimmt sich anders als das der Gebrüder Grimm. Ich werde euch meine Geschichte nicht erzählen, sondern zeigen."

„Zeigen?", staunen wir.

„Ich bin zu alt für Märchen!", ist Omi überzeugt. „Leider!"

„Hast du denn gar nichts aus unserer Unterhaltung gelernt, Omi Wolke?" Es klang ein klein wenig vorwurfsvoll.

„Zu alt! Niemand ist zu alt, wenn er es nicht selbst will. Und bedenke, jedes Märchen hat auch seine Wahrheit. Und Wahrheiten sind nun mal zeitlos.“

„Fang doch endlich an, Flu!“, quengelt Cri.

Da sitzen wir nun in der Wiese, eng aneinandergeschmiegt und warten auf Flus Rotkäppchen.

„Mein Rotkäppchen lebt in einer anderen Welt. In meiner Welt“, versucht Flu zu erklären.

Dann die Riesenüberraschung. Vor unseren Augen spielt sich ein echtes Theater ab! Wir sehen ein wunderschönes schneeweißes Haus, einen Garten voll bunter Blumen und blühender Sträucher. Ein köstlicher Duft durchdringt die Luft. Wir starren alle gebannt auf das Geschehen. Jetzt tritt eine junge Frau aus der Haustür. Mit ihr ein kleines Mädchen. Es trägt einen Korb mit allerlei Köstlichkeiten und auf dem Kopf ein rotes, mit Edelsteinen besetztes Käppchen. Dazu ein weißes Kleid mit einer roten Schleife um die Mitte. Das Weiß schimmert wie reinste Seide. Das liebliche Gesicht strahlt. Das lockige blonde Haar reicht ihr bis zu den Schultern.

„Hör mit gut zu!“ mahnt Rotkäppchens wunderschöne Mutti. „Deine Omi feiert heute ihren dreihundertsten Geburtstag. Da dürfen wir natürlich nicht fehlen.“

Omi, Cri und ich sitzen im Gras und sind von dem Geschehen völlig verzaubert. Flu ist jetzt unsichtbar. Schon geht es weiter. Mutter und Tochter erheben sich in die Luft. Sie schweben etwa fünfzig Meter über dem Boden. Bald darauf landen sie. Die Landschaft hat sich völlig verändert. Deshalb glaube ich, dass die beiden viele Kilometer geflogen sind, obwohl nach meinem Zeitgefühl kaum einige Minuten vergangen sind. Über eine weite Fläche nichts als duftender Wald. Auf einer Lichtung steht das Waldhaus von Rotkäppchens Großmutter. So etwas Schönes habe ich noch nie gesehen. Ringsum befindet sich ein wunderschöner Blumengarten.

„Vielleicht ist dies das Paradies?", höre ich Omi wispern.

„Nein!", flüstere ich zurück. „Wir befinden uns mitten in einem Märchen."

„Jetzt kommt Rotkäppchens Oma aus dem Waldhaus. Tochter und Enkelin werden liebevoll umarmt. Ich bin total verwirrt. Das soll eine dreihundertjährige Großmutter sein? Sie sieht nicht älter aus als ihre schöne Tochter.

„Vielen Dank für die Glückwünsche und den Geschenkkorb", sagt Rotkäppchens Omi.

Dann zieht sie eine mit Edelsteinen besetzte Halskette aus dem Korb. Rotkäppchen legt sie ihr um den Hals. Dann setzen sich alle drei in eine Gartenlaube, die nach vorne offen ist.

„Seht nur, hier kommt mein spezieller Freund", sagt Rotkäppchens Omi.

Es ist ein wunderschöner Wolf. Ich kann ihn ganz deutlich sehen. Rotkäppchen läuft zu ihm hin und krault ihn hinter den Ohren. Dann schwingt sie sich auf seinen Rücken und los geht es, hinein in den tiefen Wald.

Ich riskiere einen Blick auf meine Omi und auf Cri. Die beiden scheinen alles um sich herum vergessen zu haben. Sofort konzentriere auch ich mich wieder ganz auf das Geschehen. Rotkäppchen kommt auf dem Rücken des Wolfes zurück.

„Das war ein wilder Ritt!", ruft es und schwingt sich vom Tier.

Dann eilt auch das kleine Mädchen zu Mutti und Omi in die Laube.

Während sich die drei unterhalten, gesellen sich auch Tiere zu ihnen. Hunde, Katzen, Bambis, Eichkätzchen und auch wunderschöne bunte Vögel landen vor dem Waldhaus. Alle vertragen sich großartig. Es sind glückliche Tiere. Das ist zu sehen. Rotkäppchen springt auf und ist plötzlich mitten drin.

Ein junger Mann kommt auf das Waldhaus zu. Die beiden Frauen empfangen ihn liebevoll. Er setzt sich zu ihnen an den Tisch.

„Soll das der Jäger sein?", flüstert meine Omi. „Aber er hat kein Gewehr."

„Wozu?", fragt der Wolf und schaut in unsere Richtung.

„Der Wolf kann reden!", ruft Cri. Er ist total begeistert.

Gerne hätte er mit Rotkäppchen und den Tieren gespielt. Ich ja auch. Aber es geht nicht. Irgendwie sitzen wir fest. Wir sind bloß Zuschauer, denke ich. Vor uns spielt sich ein Theater ab. Durch die Stimme des Jägers werde ich aus meinen Grübeleien gerissen.

„Ich danke dir, Bruder Wolf, sagt er, steht auf und krault das schöne Tier hinter den Ohren. Rotkäppchen schaut jetzt zu uns her. Mir wird ganz sonderbar zumute. Sie lächelt, zeigt auf den jungen Mann und sagt:

„Das ist unser Jäger. Ihr wundert euch, weil er kein Gewehr trägt. Auf dieser Ebene ist das völlig unnötig. Unsere Tiere sind immer gesund und haben alles, was sie für ein glückliches Leben brauchen. Auch die Liebe der Menschen. Sie ernähren sich von Wurzeln, Früchten und was es sonst noch an allerlei Köstlichkeiten im Wald gibt. Es fehlt ihnen an nichts."

„Ist die Kleine süß!", flüstert unsere Omi. „Hoffentlich besucht sie uns einmal in der Arche."

Rotkäppchen lacht. Es klingt wie viele Silberglöckchen. „Möchtest du, dass ich komme?"

„Ich wünsche mir, dass dich mein Willi auch sieht", stottert Oma.

„Nichts ist unmöglich", antwortet die Kleine. „Aber vielleicht sehnt sich dein Willi nach Cinderella? Du kannst ihn ja fragen, Omi Wolke."

Omi ist völlig verdattert. Und da ist auch schon wieder Rotkäppchens Stimme: „Ihr seht, wie jung meine Omi mit ihren dreihundert Jahren aussieht. Sie wird für immer so schön bleiben."

„Waaaas?!" Unsere Omi ist wie elektrisiert.

„Und meine Mutti auch", fährt Rotkäppchen fort, „obwohl auch sie, nach eurer Zeitrechnung auf dem Planeten Erde, einige hundert Jahre alt ist. In unserer Welt gibt es keine Zeit und daher auch keine Jahre. Ihr könnt euch jetzt eine Vorstellung machen, wie es auf der Erde einmal sein wird."

„Wann?", platzt Omi heraus. Alle Scheu ist verschwunden, wenn es ums Jungsein und um die Schönheit geht.

„Sobald die Menschen reif dafür sind."

„Das werde ich wohl nie sein!", zweifelt Omi. „Aber was ist mit dir, Rotkäppchen?", wagt sie eine weitere Frage.

„Wirst du nie erwachsen?"

„Ich kann mir das schaffen, wie ich es möchte: Kindsein, Erwachsensein, Altsein und dabei Jungbleiben. Für uns hier ist das nicht das geringste Problem. Auch ich bin nach euren Berechnungen über hundert Jahre alt. Aber ihr wolltet das Kind erleben. Alle Zeit ist zugleich. Flu hat euch diesen Wunsch erfüllt."

Omis Gesicht glüht wie ein rotbackiger Apfel bei Sonnenuntergang. „Vielleicht gibt es euch gar nicht! Es ist nur ein Film, der uns vorgespielt wird?"

„Alles, was immer du dir vorstellen kannst, wird zur Realität. Für euch ist das noch immer nicht ganz leicht zu begreifen. Aber es ist die Wahrheit, Omi Wolke! Manchmal vermischen sich die Märchen", versucht Rotkäppchen weiter zu erklären. „So wie heute. Gebt acht! Gleich erscheine ich als Cinderella und warte auf meinen Prinzen!"

Im nächsten Augenblick sind das Waldhaus, die Menschen und Tiere unsichtbar. Statt dessen entdecken[84] wir in einiger Entfernung und auf einer Anhöhe ein Schloss. Durch das Tor trabt ein Reiter. Er treibt den Schimmel an und galoppiert auf Cinderella zu.

„Ooooh!", staunen wir alle gleichzeitig. Wir hätten die schöne Braut gerne noch länger bewundert. Aber auch dieses Bild löst sich sachte auf.

Langsam finden wir in die Wirklichkeit zurück. Oder kommen wir von der Wirklichkeit? Jedenfalls dauert es eine Weile bis wir uns bewusst werden, dass wir mit Flu, der nun wieder sichtbar ist, am Bachufer sitzen. Nach einer Weile machen wir uns auf den Weg nach Hause. Großmama läuft den Hang hinauf wie ein Wiesel. Cri und ich haben Mühe sie einzuholen.

„Mein Willi wird staunen, was wir heute zu berichten haben!"

Dann aber die große Überraschung: Opa und ein wunderschönes Mädchen sitzen vor der Arche auf der Gartenbank und sind in ein Gespräch vertieft.

„Das ist Chrysanth!", erinnere ich mich an Flus Ankündigung.

Erst jetzt wird Opa auf uns aufmerksam.

„Da seid ihr ja endlich! Wir haben Besuch", verkündet er freudestrahlend.

Von der angeregten Unterhaltung hat Opa rote Wangen bekommen. Er sieht sehr glücklich aus.

„Das ist Chrysanth", sagt er völlig unnötig. „Es bedeutet die Goldblume. Sie ist verantwortlich für die Vielfalt und die Düfte der Blüten."

Cri starrt das Mädchen an. „Die ist ja wirklich! Rotkäppchen war wie im Fernsehen."

Chrysanth trägt ein langes, hellblaues duftiges Kleid. Ihre goldblonden Haare reichen ihr über die Schultern. Die bloßen Füße stecken in silbrigen Sandalen. Das Mädchen ist so schön, das man Mühe hat, es nicht fortwährend anzustarren. Cri geht ganz nahe an die Schöne heran und macht ein tiefe Verbeugung. So tief, dass er mit der Stirn den Boden berührt und bald kopfüber gekippt wäre. So viel Höflichkeit sind wir von ihm nicht gewohnt. Ich verbeuge mich selbstverständlich auch. Wie ein Gentleman. Mein kleiner Bruder hat wieder einmal maßlos übertrieben. Das Funkeln in Chrysanths Augen ist unbeschreiblich.

„Flu bringt dieses schöne Mädchen so einfach in unser Leben", meint Omi ein wenig misstrauisch mit einem Seitenblick auf Opa. Ich glaube, sie ist eifersüchtig. Aber dazu hat sie bestimmt keinen Grund. Opa ist schließlich ein alter Mann.

Chrysanth lächelt.

„Mach dir keine Sorgen, Omi Wolke. Freue dich über das Gute, welches in dein Leben kommt."

Wir sitzen noch eine Weile zusammen. Aber alles Schöne auf dieser Erde hat einmal ein Ende. Das wird nicht immer so sein, behauptet Flu. Auch Chrysanth ist plötzlich und ohne Vorwarnung unsichtbar. Aber das kennen wir ja schon von Flu. Doch solch ein Verschwinden hinterlässt in uns irgendwie eine Leere, so als hätte man uns etwas weggenommen.

Schon am nächsten Morgen erleben wir erneut eine Überraschung. Omas Blumengarten war immer schön. Aber jetzt ist er unbeschreiblich.

„Sind wir im Paradies gelandet?" staunt Opa.

Unser Großpapa hat uns schon oft vom Garten Eden erzählt. Ich habe mich immer gewundert, woher er dieses Wissen hat, wenn er doch noch nie drinnen war. Aber Opa beruft sich da jedes Mal auf ein vergilbtes Blatt in seiner Bibel, welches er angeblich von der paradiesischen Eva erhalten hat. Oma jedoch behauptet, es stamme von ihr. Opa lächelt dann immer verschmitzt. Cri und ich wissen bis heute nicht, wem wir glauben sollen.

Plötzlich ist Chrysanth wieder sichtbar. Sie spaziert zwischen den Blumenbeeten hin und her. Ab und zu bleibt sie stehen, um die eine oder andere Blüte zu liebkosen.

„Es würde mich interessieren, ob nur wir diese Pracht sehen. Nicht jeder Mensch erträgt unbeschadet solch einen Wandel!", meint Opa.

„Das ist ja das Elend", versucht Flu zu erklären, „zuviel Glück oder Schönheit vertragen nur wenige Menschen. Sie werden übermütig, egoistisch und zerstören nicht nur sich selbst, sondern missachten auch ihre Umwelt. Und deshalb können zur Zeit noch nicht alle Erdenbewohner so sehen und hören wie ihr."

„Ich habe ja auch ziemlich lange gebraucht“, gesteht Omi.

„Stimmt!“ Flu macht ein ernstes Gesicht. „Bald hättest du deine Chance verpasst.“ Großmama nickt viele Male. Sie sieht ziemlich zerknirscht aus. „Im Augenblick befindet sich dein Blumengarten auf einer Ebene, welche die meisten Menschen mit ihren irdischen Augen nicht wahrnehmen können. Sagen wir, noch nicht! Aber eines Tages werden sie dieses Ziel erreichen. Was ihr hier seht ist nur ein kleiner Vorgeschmack. Begreift ihr nun was es heißt, das Element Erde zu beherrschen?“

„Macht euch die Erde untertan“, steht in der Bibel. „Wie ist das zu verstehen?“, will Oma wissen.

„Untertan machen heißt Sorge tragen, verantwortlich handeln zum Wohle der gesamten Schöpfung“, antwortet Flu.

„Das haben wir doch immer getan, nicht wahr, Erni?“

„Eben deshalb“, sagt Flu, „wurdet ihr auserwählt. „Seht nur!“ Vor uns beginnt ein kleines Pflänzchen mit solcher Geschwindigkeit zu wachsen, wie es auf der Erde sonst nicht üblich ist. Im Nu steht eine prachtvolle Sonnenblume vor uns. Ein aufkommender Wind bewegt sie sachte hin und her.

„Alles Leben ist eins. Und es ist ewig. Nur die Formen kommen und gehen. Aber auch das wird bald nicht mehr nötig sein."

„Das ist Chrysanths Stimme", platze ich heraus. Die Sonnenblume beugt sich so tief, dass sie mein Gesicht berührt.

„Chrysanth ist in die Sonnenblume geschlüpft", jubelt Cri.

Meine Gedanken schießen hin und her. Ich möchte die Sonnenblume etwas fragen. Aber ich komme nicht mehr dazu. Vor unseren Augen löst sie sich auf Chrysanth steht wieder vor uns. Sie lächelt. Es ist dies ein ganz besonderes Lächeln, welches uns mit Freude erfüllt.

Plötzlich ist da eine Melodie, die den ganzen Garten zu erfüllen scheint. Bäume, Blumen, ja sogar die Erde ist von dieser seltsamen Musik durchdrungen. Wir können gar nicht anders, als uns nach dieser Melodie zu bewegen. Auch Omi und Opa liegen sich in den Armen. Unsere Großeltern sprechen manchmal von ihren alten Knochen, und dass sie sich nicht mehr so schwungvoll bewegen können wie in ihrer Jugend. Davon ist jetzt nichts zu sehen. Aber vielleicht haben die beiden auch schon etwas von dieser anderen Ebene aufgenommen, von der Flu so oft spricht.

Wenn man sehr glücklich ist, gibt es keine Zeit! Deshalb kann ich auch nicht sagen, wie lange wir von dieser Musik verzaubert wurden. Als sie dann doch langsam ausklingt, sind wir von großer Freude erfüllt. Cri kann diesen

Überschwang nicht mehr bändigen. Er springt dem Blumenmädchen in die Arme. Aber da hat er sich verrechnet. Chysanths Körper ist feiner als unsere. Deshalb ist mein kleiner Bruder ziemlich erstaunt, als ihre Erscheinung keinen Widerstand bietet und er auf die Erde purzelt.

„Habe ich dir weh getan?", fragt er ziemlich zerknirscht.

„Mich kann niemand verletzen. Das wirst du später noch besser verstehen."

„Werden einmal alle Menschen so wunderschön sein wie du?", will ich wissen.

„Das werden sie. Doch jeder einzelne wird seine eigene Schönheit haben! Das ist wichtig, weil jedes Wesen einmalig ist."

Auch Flu ist schön. Anders als wir es gewohnt sind. Er kam zu uns als Kleiner aus dem Weltenraum. Mit jener Gestalt, die wir inzwischen so lieb gewonnen haben. Meine Gedanken werden durch Chrysanths Stimme unterbrochen.

„Die Zeit rückt immer näher, in der es keine Kriege, kein Leid, keinen Schmerz und auch keine Ängste mehr geben wird. Weder Krankheit noch Alter. Nicht einmal den Tod. Selbstverständlich auch keine Ernährungsprobleme. Es werden weder zu viele Menschen noch zu viele Tiere auf der Erde sein. Sobald der Mensch sein Ziel erreicht hat, regelt sich alles von selbst. Kinder werden mit den sogenannten wilden Tieren spielen. Keiner wird einem anderen Wesen Leid zufügen."

Eine Kreuzotter ringelt sich plötzlich vor Cris Füßen. Als er danach greift, stößt Omi einen Schrei aus.

„Halt!", ruft Flu. „Noch sind wir nicht so weit. Ohne meine Nähe darfst du das Tier nicht berühren. Vergiss das nie! Auch die Tiere müssen erlöst werden, nicht nur der Mensch. Dann sind auch Wildtiere keine Gefahr mehr. Aber ich habe euch versprochen, dass keinem von euch ein Leid geschieht. Deshalb ist deine Angst grundlos, Omi Wolke."

„Ich hab keine Angst!", lärmt Cri und hebt die Schlange auf. Als er sie küssen will, löst sie sich auf.

„Danke, Flu!", sagt Omi und schickt einen Seufzer der Erleichterung hinterher. „Ich möchte gerne wissen, ob du von einem anderen Stern kommst oder ein Geschöpf unserer Erde bist?"

„Ich begann als Mensch und habe mich weiter entwickelt. Im Gutsein und in der Liebe zur gesamten Schöpfung bin ich gewachsen und habe vollkommenen Seelenfrieden erlangt. Und dadurch die Herrschaft über die Elemente und den eigenen Körper. Heute bin ich auch auf anderen Planeten zu Hause. Es ist dies das Ziel eines jeden Menschen.

Doch es ist ein langer und beschwerlicher Weg. Aber wie ihr seht, lohnt es sich!“

Omi ist sichtlich nervös. Sie möchte noch eine Frage stellen, wagt es aber nicht. Mit den Händen macht sie fahrige Bewegungen. Und sie trippelt von einem Fuß auf den anderen.

Flu lacht. „Ich weiß, was du noch wissen möchtest, Omi Wolke. Ihr wollt wieder jung sein, du und dein Willi. Habe ich recht?“

Oma nickt. Sie wagt es nicht, Flu in die Augen zu schauen. Opa ist das Gespräch ausgesprochen peinlich.

„Ich weiß“, piepst Omi, „es klingt vermessen. Aber wer von allen Menschen auf dieser Welt möchte nicht lieber jung und schön, als alt und gebrechlich sein?! So ein Angebot wird doch niemand ablehnen.“

„Und doch tun es die Menschen immerzu“, behauptet Flu.

„Wie meinst du das?“

„Ihr erlebt täglich, was die Menschen aus dem Schmuckstück Erde gemacht haben. Nur einer, der wirklich wieder zum wahren Menschsein erwacht, wird imstande sein, die Gotteskraft in ihm zu erwecken, um sie zum Guten einzusetzen. Da sich der Mensch immer frei entscheiden kann, wird diese Kraft oft missbraucht und brachte und bringt selbstgeschaffenes Unheil. Aber jetzt genug davon.“

Ich blicke nicht immer durch, wenn Flu mit meinen Großeltern diskutiert. Und Cri schon gar nicht. Aber wir glauben ihm uneingeschränkt. Ich sehe, wie Flu seine rechte Hand wieder einmal auf die Mitte seiner Brust legt und irgendwie in die Ferne schaut.

„Ooooh!“, rufen wir alle. Oma und Opa staunen sich gegenseitig an.

Auch Cri und ich stehen sprachlos da. Unsere Großeltern sind kaum wieder zu erkennen. So haben die beiden wahrscheinlich in ihrer Jugend ausgesehen. Sie tragen auch andere Kleider als eben noch vorhin.

Durch lautes Hupen werden wir aus unserm Land des Staunens vertrieben. Mutti springt aus dem Auto und eilt den Weg herauf zur Arche. Plötzlich ist alles wie immer.

Oma und Opa haben wieder ihre alten Körper. Kein Flu weit und breit. Keine Chrysanth.

„Was ist denn mit euch los?“, staunt Mutti. „Habt ihr einen Geist gesehen?“

„Nur Flu, Chrysanth und den herrlichen Blumengarten“, plaudert Cri.

„Deine Fantasie kennt keine Grenzen, nicht wahr Kleiner?“

Dann nimmt uns Mutti in die Arme. Zu Opa und Oma sagt sie:

„Ihr beide seht heute so anders aus? Irgendwie, so frisch. Was ist los?"

Mutti hat recht. Unsere Großeltern sehen zwar wieder aus wie immer, trotzdem scheint etwas von dem eben Erlebten haften geblieben. Die beiden fühlen sich wunderbar. Das kann jeder sehen. Opa versucht abzulenken, um peinlichen Fragen zu entgehen.

„Hast du es schon gehört, Magdalena, eine Sommergrippe ist im Anzug."

„In deinem Anzug, Opa?", fragt Cri.

„Magdalena!"

„Ja, Mutter?"

„Kannst du mir sagen, ob ich träume oder mich schon in jenseitigen Gefilden tummle, obwohl ich euch sehen und anfassen kann?! Was ist nur los mit euch?", fragt Mami besorgt. „Auch die Kinder sind ungewöhnlich schweigsam. Ich denke, hier gibt es einiges zu besprechen."

„Ach wo", sagt Opa. „Wir sind nur wieder älter geworden seit deinem letzten Besuch."

„Ihr verschweigt mir etwas. Sollten wir die Polizei oder einen Krankenwagen rufen? Ich möchte endlich wissen, was sich hier Sonderbares abspielt."

„Ich will zu Flu!", beginnt Cri lautstark zu kreischen. „Wer ist Flu? Welch sonderbarer Name."

„Wir erzählen dir einiges, Magdalena, aber nur, wenn du nicht ausrastest und uns für verrückt erklärst. Lasst uns ins Haus gehen."

„Ich bin mir gar nicht mehr sicher, ob ich es wissen will. Aber ich mache mir nun mal Sorgen um euch alle."

„Uns ist es aber nie besser gegangen", behauptet Oma. „Deine Sorgen sind unnötig, Magdalena."

„Na gut. Eigentlich bin ich nur gekommen, um Floris Zeugnis abzuholen. Ich möchte ihn an einer anderen Schule anmelden."

„Das Zeugnis! O ja! Jetzt haben wir die Bescherung. Du möchtest das ‚nicht genügend' in Deutsch sehen."

„Ich habe keine Sehnsucht, Floris schlechte Note zu begucken. Ich brauche das Zeugnis zur Ummeldung."

„Es gibt kein ‚nicht genügend' mehr!", triumphiert Opa.

„Ja, so einen Bären habt ihr mir schon mal aufgebunden. Es geht ziemlich lustig zu bei euch. Ich bin auch bereit, eure Spiele bis zu einem gewissen Grad mitzutragen. Solange sie übersichtlich bleiben. Schließlich sind Ferien und die Kinder sollen ihren Spaß haben. Aber es gibt Grenzen. Und ich denke, die habt ihr schon überschritten."

„Bist du jetzt fertig mit deinen Nörgeleien, Magdalena?", fragt Opa sichtlich verärgert.

Omi hat inzwischen mein Zeugnis geholt und hält es Mutti mit einem sonderbaren Gesichtsausdruck unter die Nase.

„Guck genau hin, Magdalena!"

Mutti wirft einen Blick auf das Zeugnis. „Und?", fragt sie.

Omi reißt es ihr aus der Hand und prüft es eingehend. „Kannst du nicht lesen, Tochter?"

Mutti nimmt das Zeugnis noch einmal in die Hand.

„Was habt ihr gemacht? Das ist doch nicht möglich! Da stand ein Nicht genügend. Ich habe mich darüber sehr aufgeregt. Wurde radiert?"

„Sieht es danach aus?"

„Dann brauche ich Flori nicht ummelden. Und jetzt möchte ich euch bitten, mich aufzuklären. Was hier auch vor sich geht. Ich will es wissen!"

„Manche Menschen begreifen, andere nicht!", meint Opa achselzuckend. „Setzt euch alle!"

Sobald Omi diesen Tonfall gebraucht, wagt ihr keiner zu widersprechen. Auch Opa nicht. Als wir alle bei Tisch sitzen, wird erzählt. Wir lassen nichts aus. Mutti schüttelt nur immerzu den Kopf.

„Das sind bloße Einbildungen!"

Aber das lassen wir nicht gelten. Schließlich will Mutti noch wissen, wovon sich Flu ernährt, wer seine Kleider wäscht und wo er schläft. Aber danach haben wir ihn nicht gefragt. Ich habe nie gesehen, dass seine Kleider schmutzig waren.

Kein Wunder, Mutti ist ziemlich durcheinander. „Mir ging es nicht anders", versucht sie Omi zu beruhigen.

„Die Pflicht ruft! Aber ich komme bald wieder. Ich brauche etwas Zeit, um das alles zu verarbeiten."

„Behalte erst einmal alles für dich, Magdalena", rät Opa.

Das verspricht Mutti und eilt zu ihrem Auto.

„Da bin ich wieder!", trällert Flu. Wir alle freuen uns, ihn zu sehen. „Magdalena würde meine sichtbare Gestalt noch verwirren. Deshalb hielt ich mich im Verborgenen. Aber ich habe zugehört. Ihr habt eure Sache gut gemacht."

„Unsere Tochter wollte wissen, wovon du dich ernährst und wer deine Kleider wäscht. Kannst du uns darüber aufklären?"

„Aber gerne, Omi Wolke. Es ist ganz einfach. Ich ernähre mich vom Licht. Meine Kleider werden niemals schmutzig. Mir ist weder zu heiß, noch zu kalt. Im Licht ist alles enthalten, was ich zu meinem Dasein brauche."

„Du isst Licht?", staunt Omi. „Wie geht denn das?"

„Mein Körper ist nicht so dicht wie eurer. Licht ist Leben, Gesundheit, Freude, Liebe. Deshalb kann ich auch weder krank noch alt werden. Und den Tod, wie ihr ihn kennt, furchteinflössend und traurig, den gibt es für mich und meinesgleichen auch nicht."

„Das wirft mich aus den Schuhen!" Diesen Ausdruck gebraucht Opa, wenn er sehr erstaunt ist.

Großmutter jedoch macht ein Gesicht, als ob ihr jemand eine runtergehauen hätte.

„Was mache ich dann nur mit meinen vielen Kochrezepten? Und was stelle ich mit der Zeit an, die mir bleibt, wenn ich nicht mehr kochen soll? Ich habe es immer sehr gerne getan. Und jetzt soll das alles nichts mehr wert sein?", jammert sie.

Flu lacht. „Aber Omi Wolke! Soweit ist es noch lange nicht. Sei unbekümmert. Du wirst noch viele Male fi.ir deine Lieben kochen. Und weil du es mit soviel Liebe und Hingabe tust, gleicht diese Arbeit einem Gottesdienst."

„Ehrlich?"

„Ich habe auch nicht gesagt, dass wir nie etwas essen oder trinken. Wir sind nur nicht davon abhängig. Das ist der große Unterschied. Wir können einen Apfel essen oder auch nur seinen Geschmack genießen, ohne mit ihm in Berührung zu kommen. Dasselbe gilt für Omis köstlichen Gugelhupf, kichert Flu."

Der Gugelhupf steht auf dem Tisch. Wenn ich hinsehe, läuft mir das Wasser im Mund zusammen. Cri fixiert ihn auch. Flus Stimme lenkt uns ab.

„Wenn du für deine Lieben kochst, Omi Wolke, so ist das gut und richtig. Und solange es deinen Lieben schmeckt, ist das auch in Ordnung. Ich wollte euch nur verständlich machen, dass es möglich ist, sich vom Licht zu ernähren. Eines Tages wird es auch auf der Erde so sein. Das heißt aber wiederum nicht, dass die Erdenbewohner nicht mehr essen sollen.

Jeder kann das tun was er möchte, wenn nur keine anderen Wesen dadurch leiden. Koche und backe nur weiter, Omi Wolke! Wir alle freuen uns daran."

Wieder einmal greift Flu mit seiner Rechten auf die Mitte seiner Brust.

„Nicht schon wieder!", ruft Omi.

Gleich darauf schweben Omas Trinkgläser aus dem Küchenschrank auf den Tisch. Vor unseren Augen füllen sie sich mit einer goldgelben Flüssigkeit, die noch dazu himmlisch duftet. Omi hält sich den Mund zu und macht sich noch kleiner, als sie ohnehin schon ist. Keinem von uns ist es möglich, noch mehr zu staunen.

Der Gugelhupf hat sich auch von allein in Stücke geschnitten. Flu setzt sich an den Tisch und macht eine einlandende Handbewegung. Dann greift er nach einem Stück Kuchen. Wir machen es ihm nach. Dazu trinken wir den goldgelben köstlichen Nektar. Nach einer Weile fühlen wir uns alle so leicht wie eine Feder und – wie soll ich mich ausdrücken – himmelhoch fröhlich. Ich hätte jauchzen und jubilieren können. Cri geht es ebenso.

Er setzt seine Freude in die Tat um, indem er auf Opas Schoß hüpft und ihn wie närrisch herzt und küsst. Nach und nach liegen wir uns alle in den Armen. Wir wissen nicht, wohin mit all dieser Freude, die wir in uns fühlen. Sogar Sunbeam gibt eigenartige Laute von sich, die wir noch nie von ihm gehört haben.

Erst als Flu nicht mehr sichtbar in unserer Nähe weilt, gelingt es uns, nach und nach in die Wirklichkeit unseres Daseins zurückzukehren.

„Ich weiß nicht! Ich weiß nicht!“, grübelt Opa. „Was ist nun die Wirklichkeit? Unser normales Leben oder die Erlebnisse mit Flu? Was meinst du, Erni?“

„Für mich ist das eine wie das andere wirklich. Wahrscheinlich spielt es sich nur auf verschiedenen Ebenen ab.

„Donnerlottchen! „, ruft Opa begeistert. „Wie weise doch meine Erni geworden ist!“

Omi stellt den übrig gebliebenen Gugelhupf in den Küchenschrank.

„Hoffentlich bleibst du uns erhalten. Mach dich bloß nicht unsichtbar. Hörst du?” Sie schickt einen Seufzer hinterher. „Jetzt unterhalte ich mich schon mit dem Gugelhupf. Zustände sind das. Aber ich möchte sie nicht mehr missen.“

„Mit wem redest du!”, fragt Opa. „Steckt jemand im Kühlschrank?“

„Nur der Gugelhupf. Aber was nicht ist, kann ja noch werden. Bei uns ist kein Ding unmöglich.“

Auch die folgenden Tage ist diese besondere Lebensfreude in uns spürbar. Wir haben noch nicht gelernt, mit dem Überschuss an Freude richtig umzugehen. Also versuchen wir, uns auf die eine oder andere Art abzureagieren. Es geschieht alles sehr spontan. Als mir Omi den Rücken zukehrt, springe ich sie von hinten an. Zuerst stößt sie einen Schrei aus. Dann fasst sie mich blitzschnell an den Armen und schwingt mich im Kreis über ihrem Kopf. Opa bringt vor Staunen kein Wort heraus. Nur so ein Gegacker.

„Legst du Eier?", fragt Cri, als ich wieder festen Boden unter den Füßen spüre.

Wir staunen uns gegenseitig an. Das muss sich einer vorstellen: Unsere winzige, dürre Omi und so kräftig! Ich bin schließlich kein Leichtgewicht wie Cri.

Omi hat mich wieder auf den Boden gestellt. Wir staunen uns gegenseitig an. Das muss sich einer vorstellen.

„Da legst dich nieder!", murmelt Opa, noch immer voll Bewunderung für seine kleine Frau.

„Ins Bett?", fragt Cri. „Wir haben doch noch gar nicht zu Mittag gegessen." Dann nimmt er Sunbeam am Halsband und eilt mit ihm hinaus in den Garten. Ich bleibe noch in der Küche, weil ich unbedingt wissen will, was unsere Großeltern miteinander noch reden.

„Ich kann es nicht fassen, was mit uns geschieht, Willi!"

„Mir geht es ebenso. Ich fühle diese große Freude noch immer in mir. Aber all das macht mich auch sehr nachdenklich."

„So, weshalb denn?", fragt Oma.

„Es muss im Universum, der Unendlichkeit, wie wir es auch nennen, viele verschiedene Welten geben, die von den Kindern des Ewigen bevölkert sind. So wie unsere Erde auch. Mir wird immer mehr klar, dass alles zusammengehört."

„Aber wir können diese Zusammengehörigkeit nicht wahrnehmen. Unsere Sinne sind auf die Erde beschränkt. Das kommt wohl daher, weil die Bewohner der verschiedenen Welten ungleich hoch entwickelt sind. Die einen mehr, die anderen weniger. Aber eines Tages, vielleicht sogar in naher Zukunft, wird ein großes Zusammengehörigkeitsgefühl über uns kommen."

„Sind wir dann alle gleich?" Omi ist sichtlich enttäuscht. „Wo bleibt die Besonderheit eines jeden von uns?"

„Unsere Einzigartigkeit geht nie verloren. Da bin ich mir ganz sicher. Es gibt keine zwei gleichen Fingerabdrücke. Wie sollten dann zwei Menschen existieren, die vollkommen gleich sind?"

„Was du alles weißt, mein lieber Willi!"

Ich habe genug gehört. Auch ich möchte Florian Wolke sein und kein anderer. In der Schule wäre es sicher manchmal von Vorteil. Aber daraus wird wohl nichts. Ich musste Flu versprechen, mich anzustrengen. Er hat ja recht. Sonst bleibt mir wirklich nur der Dschungel. Plötzlich ist Flu wieder sichtbar. Wie immer lächelt er. Auch das macht uns ungeheuer froh.

„Es ist heute schon soviel geschehen", ruft Oma. „Noch mehr verkraften wir nicht. Aber wir freuen uns sehr, dass du unser aller Freund geworden bist!"

„Ich habe diese kindliche Form angenommen, weil sich Flori so sehr einen Freund gewünscht hat. Seine Sehnsucht hat mich in eure Familie gezogen. Außerdem ist es eine Tatsache, wer die Kinder auf seiner Seite hat, dem folgen bald auch die Erwachsenen. Meistens jedenfalls."

Ich sehe, wie gerührt Opa ist.

„Wenn wir doch auch etwas für Flew tun könnten! Aber er hat ja alles. Wir sind so hilflos."

„Ihr werdet eure Erlebnisse mit mir niemals vergessen. Sie wirken sich in eurem Denken und Tun aus. Dadurch helft ihr der Welt und mir, denn es ist meine Aufgabe zu helfen. Ein Stein, der ins Wasser geworfen wird, schlägt immer Wellen."

„Du hast soviel Freude und Überraschungen in unser Leben gebracht. Ich möchte dir im Namen aller hier ganz herzlich danken."

Opa wischt sich eine Träne aus den Augenwinkeln und das will was heißen.

„Es werden in nächster Zeit noch viele verschiedene Wesen aus dem Weltenraum kommen und mit immer mehr Menschen in Kontakt treten. Der Allvater möchte dadurch ausdrücken, wie sehr er seine Geschöpfe liebt. Und das ohne Ausnahme."

„Lieber, kleiner Flu", mischt sich Omi in das Gespräch und hält dabei den Kopf ein wenig schief, „kommt der Weltfriede?"

„Ja, sobald die Menschen aufhören egoistisch zu sein! Dadurch ist Freiheit und Wohlergehen gesichert, nicht nur für die Menschheit, auch für die Tiere und die gesamte Erde. Dann wird das Wohl des blauen Planeten allen Bewohnern ein großes Anliegen sein."

„Gibt es noch andere Planeten, die bewohnt sind?", will Omi wissen. „Ach das war eine dumme Frage", fügt sie rasch hinzu. „Du kommst ja aus dem Weltenraum."

„Ich habe euch gezeigt, dass es möglich ist, die Elemente zu beherrschen. Auch eure Körper gehören dazu.

Jeder Mensch trägt dieselbe Kraft in sich wie ich sie habe. Sie muss nur hervorgebracht werden."

„Wie denn?", fragen wir alle gleichzeitig.

„Indem ihr an sie glaubt und sie nutzt."

Es ist seltsam, solche Gespräche zwischen Flu und meinen Großeltern sind normalerweise für einen neunjährigen Jungen wie mich uninteressant. Ich empfinde es aber nicht so. Ich glaube sogar, dass Cri und ich im Verstehen der Wahrheiten Opa und Oma sogar voraus sind. Flu ist wieder einmal unsichtbar. Er weiß, wir brauchen Zeit, um über das Gehörte nicht nur nachzudenken, sondern es auch umzusetzen. Auf keinen Fall möchte Flu, dass wir traurig sind. Deshalb laufe ich hinaus in den Sonnenschein zu Cri und Sunbeam.

Nun sitzen wir schon eine ganze Woche in der Küche fest. Es regnet und regnet. Der Himmel ist noch immer von mächtigen dunkelgrauen Wolkenballen bedeckt, welche sicher auch bald auf der Erde landen werden. Unser Bach ist aus den Ufern getreten und hat den größten Teil der Wiese überschwemmt. Cri und ich finden das toll.

Sobald der Regen aussetzt, sind wir schon draußen und springen wie wild gewordene Indianer in den Wasserpfützen herum. Und zwar solange, bis wir über und über mit Schmutz bespritzt sind. Zu Hause stellt uns Oma jedes Mal ziemlich unsanft unter die Dusche. Beide zugleich. Sie schaut dann böse drein und das nur wegen dem bisschen

Erde an unseren Hosen und Hemden. Für den Rest des Tages haben wir dann Hausarrest.

„Ich habe nichts Trockenes mehr für euch", klagt Omi. „Oder wollt ihr vielleicht nackt herumlaufen?"

„Ja, ja!", brüllt Cri. Ich bin natürlich auch begeistert.

Dann braucht Omi nicht mehr so oft waschen und bügeln. Es ist sowieso viel zu heiß in Hemd und Hose. Außerdem zieht uns der wild gewordene Bach wie ein Magnet an.

„Das ist kein Bach mehr, sondern ein reißendes Ungeheuer geworden!", warnt uns Omi mit erhobenem Zeigefinger. „Ihr dürft nicht hinunter! Cri würde jämmerlich ertrinken. Höchstwahrscheinlich auch du, Flori. Schwimmen können nützt da gar nichts."

Da uns Omi nicht vertraut, haben wir Stubenarrest. Cri und ich stehen eine Ewigkeit am Fenster und lauschen auf die tosenden Geräusche des wild gewordenen Wassers. Wenn ich genau hinhorche, erkenne ich eine ständig wiederkehrende Melodie.

Trotzdem ist die Langeweile kaum noch zu ertragen. Irgendwann können wir der Anziehungskraft des Baches nicht mehr wiederstehen. Ich lege meine Finger an die Lippen. Cri versteht. Omi ist in der Küche beschäftigt. Opa arbeitet in der Werkstatt. Ich greife nach Cris Hand, und auf Zehenspitzen schleichen wir uns hinaus. Wir haben beide unsere Sonntagskleider an. Alle übrigen Hemden und Hosen hängen noch auf der Leine zum Trocknen. Während wir uns zum Bach hinunter schleichen, rufe ich in Gedanken nach Flu. Er hat sich schon tagelang nicht blicken lassen. Ich fühle große Sehnsucht nach meinem Freund. Vielleicht ist er auf seinen Stern zurückgekehrt, denke ich. Und das, ohne sich zu verabschieden?!

„Das würde ich nie tun!", vernehme ich aus dem Hintergrund Flus Stimme.

„Flu!!!" Meine Freude ist riesig. „Endlich bist du wieder da!" Er steht am Bachufer und lächelt uns entgegen.

Cri und ich wollen, so schnell als möglich, in seiner Nähe sein. Das ist wiederum nicht ganz einfach auf dem glitschigen Boden. Eine zu rasche Bewegung und schon liegen wir da von oben bis untern mit Schlammerde bedeckt. Cri und ich halten uns an den Händen, um uns gegenseitig Halt zu geben. Angestrengt versuchen wir, uns hoch zu rappeln. Vergebens. Als es uns nach vielen Übungen schließlich doch gelingt und wir uns gegenüberstehen, kann ich meinen kleinen Bruder gar nicht mehr erkennen. Haare, Gesicht, Anzug, alles ein einziger Schlammwickel. Das ist lustig! Cri und ich lachen bis und die Bäuche schmerzen. Flu sieht zu und sagt gar nichts.

„Wir möchten zu dir!", rufe ich und sause los.

Plumps liegen wir in der nächsten Pfütze. Ein Gedanke an Omi schießt mir durch den Kopf. Aber ich bin auch gleich abgelenkt. Flu kommt auf uns zu. Er ist weder nass noch schmutzig.

„Ich könnte in einem Augenblick eure Kleider reinigen", sagt Flu, „aber ich werde es nicht tun!"

„Warum denn nicht? Hast du uns nicht mehr lieb?"

„Ihr wart ungehorsam und Strafe muss sein. Ich werde euere Lausbübereien nicht unterstützen, obwohl ich euch sehr gut verstehe."

„Wirklich, Flu? Der Ausriss zum Bach war zu verlockend. Aber Omi macht sich gewiss schon Sorgen. Wir ziehen jetzt unsere Klamotten aus und waschen alles im Bach. Dann sind sie zwar nass aber sauber."

„Der Bach ist zu gefährlich!"

„Du bist doch hier! Nichts kann uns geschehen, wenn du es nicht zulässt. Und das tust du doch nicht?!"

„Ich verliere aber das Vertrauen eurer Großeltern. Wollt ihr das?"

„Müssen sie es denn wissen?"

„Das ist eine sehr dumme Frage!"

Das sehe ich ein. Flu hat ja so recht. Cri kann es nicht lassen und beginnt erneut im Gatsch herumzuhüpfen. Und da sitzt er auch schon wieder und kreischt vor Vergnügen. Da unsere Anzüge sowieso reif für die Waschmaschine sind, balge ich mich mit Cri. Es ist ein Genuss! Ehrlich.

Aus dem kleinen Quälgeist ist für mich in letzter Zeit ein echter Spielkamerad geworden. Seither erkenne ich ihn voll als Bruder an. Ich glaube auch nicht mehr, dass ihn Vati irgendwo aufgelesen hat. Und dann höre ich Omis aufgeregte Stimme in einiger Entfernung. Verzweifelt ruft sie unsere Namen. Rasch halte ich Cri mit meiner Schlammhand den Mund zu.

„Wenn uns Omi so sieht, müssen wir morgen zu unseren Eltern nach Hause."

Ich sehe mich nach Flu um, aber der ist wieder einmal unsichtbar. Hat er uns in der Not allein gelassen. Das macht mich wütend. Benimmt sich so ein Freund? Auch wenn wir Mist gebaut haben. „

Das ist feige!", schreie ich. Wo immer er auch sein mag, er hört mich.

Dann kommt wieder einmal alles anders als erwartet. Nicht Flu zeigt sich, sondern Omi steht vor uns. Cri und ich beginnen zu stottern. Großmama sagt kein Wort. Das deute ich als sehr schlechtes Zeichen. Sie begutachtet uns von oben bis unten und umgekehrt. Um Omis Gesichtsausdruck beschreiben zu können, müsste ich ein schriftstellerisches Genie sein. Ich beherrsche ja nicht einmal die Rechtschreibung. Und deshalb lasse ich es auch lieber bleiben. Da stehen wir nun mit hängenden Armen, gesenkten Köpfen und wagen es nicht, Omi anzusehen. Sie ist barfuss. Mit einer Hand hält sie sich den Rock hoch, mit der anderen will sie mir gerade eine Ohrfeige verpassen.

Da ich eine gerechte Strafe verdient habe, halte ich still. Aber Omi reißt es durch die heftige Bewegung die Füße aus. Und da liegt sie auch schon in ihrer ganzen Länge. Nun ist auch unsere liebe Omi mit Schlamm bedeckt. Sie lässt einige Schimpfworte los, die wir von ihr nicht gewohnt sind. Vergebens versucht sie hochzukommen. Cri und ich schauen einfach nur zu. Ein bisschen Schadenfreude ist auch dabei. Es ist nicht böse gemeint. Wir haben unsere Omi lieb, mit oder ohne Schlammgewand. Mich beginnt es gewaltig im Hals zu kitzeln. Sie sieht jetzt ebenfalls wie eine Vogelscheuche aus. Ich versuche das Lachen zu unterdrücken, bin mir aber sicher, Omi wird nach diesem Erlebnis nicht mehr gar so böse auf uns sein.

„Steht nicht da und klotzt!", lamentiert sie. „Helft mir auf die Beine! Na, wird's bald!"

Ich strecke Omi meine Hand hin. Mit der anderen halte ich mich an Cri fest. Obwohl Omi nur ein Fliegengewicht ist, bekommen wir sie nicht auf die Beine. Ich ziehe und schwups, reißt es mir die Füße aus. Jetzt liege ich auf Omas Bauch und Cri auf meinem Rücken. Dieses Gekichere und Gekreische muss sich einer vorstellen. Und immer wieder die vergeblichen Versuche hochzukommen. Es ist ungeheuer lustig. Auch Omi ist nicht wieder zu erkennen. Ihr Gesicht gleicht einer Erdmaske. Cri hat sich auf meinem Rücken festgekrallt und hört nicht auf hü und hot zu brüllen. So eine großartige Unterhaltung hatten wir schon lange nicht mehr.

„Hiiiilfe!", quitscht Omi.

Aber Cri denkt nicht daran, mit seinem Pferdespiel aufzuhören.

Nach einiger Zeit gelingt es mir dann doch, Cri abzuschütteln. Er landet in der nächsten Pfütze. Für ihn ist das alles ein herrliches Spiel. Jetzt helfe ich Omi, dass sie zumindest in der Pfütze sitzt. Schon wieder kitzelt mich das Lachen in der Kehle. Nach weiteren Bemühungen haben wir es dann doch alle drei geschafft, auf den Beinen zu stehen. Omi fängt an, ganz komische Laute auszustoßen. Ich kann nicht erkennen, will sie nun lachen oder weinen.

Jedenfalls bin ich auf Opas entsetztes Gesicht gespannt, wenn er uns drei Vogelscheuchen sieht.

„Wir könnten uns im Bach den ärgsten Dreck wegwaschen", schlage ich Oma vor.

Cri macht in seinem Übermut einen Luftsprung und schon liegt er wieder im Schlamm. Omi legt den Arm um meine Schulter und krallt sich fest.

„Bleib auf den Beinen, Flori!", kichert sie und trippelt Schrittchen für Schrittchen voran. Beim kleinsten Rutscher stößt sie angstvolle Laute aus.

„Nicht zum reißenden Bach!! Lieber schlittern wiÍ so wie wir sind nach Hause."

Ganz plötzlich beginnt sich der Himmel aufzuhellen. Etwas Ungewöhnliches geschieht. Wir trauen unseren Augen nicht. Der Bach ist wieder in sein Flussbeet zurückgetreten. Und die noch vor Augenblicken überschwemmte Wiese ist plötzlich trocken.

„Ein Regenbogen!", freut sich Cri. Seine Farben spiegeln sich in dem ruhig dahinfließenden Bach.

Wir stehen wie angewurzelt und können es nicht fassen, was ringsum geschehen ist. Sogar unsere Kleider sind wieder trocken und sauber. Sie sehen aus wie frisch gewaschen und gebügelt.

Und plötzlich ist er wieder da, unser lieber Flu!

„Welch herrlicher Tag!", begrüßt er uns mit einem spitzbübischen Lächeln.

„Fluuuu!", jubeln wir. Cri und ich sind mit einigen Sprüngen bei ihm.

Omi bleibt mit offenem Mund wie festgeklebt stehen. Ich glaube, sie hat wieder einmal einen Schock.

„Duuu waa...arst da...aas?!“, stottert sie.

„Hat es Spaß gemacht?“, fragt er schelmisch.

„Und wie!“, schreie ich ausgelassen. Cri begnügt sich mit einem breiten Grinsen. Omi hat sich wieder gefangen und fragt: „Wie hast du denn das wieder hingekriegt?“

„Ich benutze die kosmischen Strahlen. Bald wird es auch unter den Menschen immer mehr geben, welche diese Kräfte zu nutzen verstehen. Es wird nicht mehr allzu lange dauern, dann werdet ihr eure Häuser mit der gleichen Energie nicht nur rein, sondern auch warm halten können.“

„Waaas?“, staunt Omi wieder einmal. „Keine Heizkosten mehr! Und wenn das Putzen wegfällt, habe ich mehr Zeit für meinen Blumengarten. Das wünsche ich mir schon lange. Was du uns auch zeigst und sagst, lieber Flu, es klingt wie ein Märchen. Und doch! Wir erleben, was so märchenhaft klingt.“

Und schon wieder geschieht etwas Unfassbares: Vor uns steht ein wunderschönes Mädchen. Das strahlend weiße Seidenkleid reicht ihr bis zu den Knöcheln. In ihren aschblonden Haaren steckt ein Diadem mit grünen Steinen.

„Das sind Smaragde!“, flüstert Omi, total hin-und hergerissen vor Bewunderung.

Den schlanken Hals ziert eine Kette und an den Ohrläppchen befinden sich dazu passende Clips. Die schöne Unbekannte hat große grünbraune Augen voll dunklen Lichts.

„Das ist Joanne!", sagt Flu.

Cri, der keine Scheu kennt, springt der jungen Frau an den Hals. Sie fängt ihn auf, lacht und drückt ihn liebevoll an sich.

„Die ist ja wirklich!", ruft Omi fasziniert.

„Ihr könnt mich anfassen. Seht nur! Joanna setzt Cri ab. Dann umarmt sie Omi und mich. Die Schöne duftet ganz wunderbar. „Ich bin eine Erdbewohnerin wie ihr. Von Flu habt ihr erfahren, dass es auch heute schon Erdbewohner gibt, die mit kosmischen Strahlen umgehen können. Ich bin eine von ihnen, denn ich habe diesen Planeten schon viele Male durchwandert, eben solange, bis ich meine eigene Kraft in mir entdeckte und diese mit den kosmischen Strahlen verband."

Ich glaube nicht, dass wir verstanden haben, was uns Joanna da erzählte. Bald darauf sitzen wir alle in Omis duftenden Blumengarten und führen ein anregendes Gespräch.

Opa kommt zu uns.

„Ich habe mich eben lange mit Joanna unterhalten", erzählt er.

„Aber die war doch bei uns am Bach. Flori, zwick mich!

Ich weiß nicht mehr, ob ich wache oder träume." Ich zwicke Omi kräftig in den Arm.

„Aua! Ich bin also noch auf der Erde. Trotzdem ziemlich durcheinander. Du bist so herrlich jung und schön, Joanna! Aber du behauptest alt zu sein! Nicht du, ich bin alt. Doch du bist soviel weiser. Bin ich am Leben vorbeigegangen? Was habe ich falsch gemacht?"

„Weder das eine noch das andere", tröstet Flu. „Joanna ist sehr viel älter als du!"

Wir lachen. Cri am lautesten, obwohl er am wenigsten versteht, worum es hier geht.

„Hab keine Angst, Omi Wolke", rät Joanna mit sanfter Stimme, wenn ich dir jetzt einiges anvertraue, was dich vielleicht noch mehr verwirrt. Ich bin beinahe vierhundert Jahre alt. Im Laufe meiner vielen Erdenleben habe ich gelernt, diesen Körper immer wieder aufzubauen, um ihn jung zu erhalten.

Deshalb beherrsche ich, wie Flu, die Elemente. Ich weiß, dass Opa Wolkes Lieblingsstück Morzarts Zauberflöte ist.

Und wie heißt es da so verheißungsvoll: ‚Der, welcher wandelt diese Straße voll Beschwerden, wird rein durch Feuer, Wasser, Luft und Erden!' Und wie ihr wisst, gehört zum Element Erde auch der materielle Körper. Es gibt also Hoffnung für die Erdenbürger."

„Vierhundert Jahre!", jappst Omi. „Und noch so wunderschön! Keine Falten, keine falschen Zähne, kein Haarausfall! Das alles gilt für die anderen, nicht für Willi und mich. Wir haben die Dingsda nicht im Griff."

„Du meinst die Elemente."

„Genau die. Irgendwie geht das nicht mit rechten Dingen zu."

„Doch, das tut es!" Joanna lacht herzlich und zeigt dabei eine Reihe perlenweißer Zähne.

Wieder einmal werden wir alle ganz plötzlich von einer Freudenwelle erfasst. Cri drückt das auf seine Weise aus. Er springt Opa von vorne an. Dieser fällt rücklings ins Gras mit dem kreischenden Cri auf dem Bauch. Für unseren Cri ist Außergewöhnliches so selbstverständlich wie essen und spielen.

Während sich Opa hoch rappelt und Cri unsanft zur Seite schiebt, macht uns Joanna auf den Regenbogen aufmerksam.

„Seht nur, wie schön!"

„Möchtet ihr dem Regenbogen einen Besuch abstatten?", fragt Flu.

Omi greift mit ihrer Rechten nach Opas Hand und hält sie krampfhaft fest. Mit der anderen zieht sie Cri an sich. Opa legt seinen Arm schützend um mich.

„Nein, Flu, vielen Dank! Wir sind auf der Erde zufrieden und in unserer bescheidenen Arche. Lass es gut sein!"

Flu lacht. „Vertraust du mir nicht mehr, Opa Wolke? Wir kommen alle wieder gesund und wohlauf zurück, aber beschenkt durch reiche Erfahrungen."

„Wir vertrauen dir, Flu!", sagt Omi. „Trotzdem bitte ich dich: Lass uns beide und die Kinder hier unten."

„Ich rede euch nichts ein. Es ist euer freier Wille. Wir fliegen nur, wenn ihr es selbst von Herzen wünscht. Hört mir einfach zu."

Und Flu erzählt, wie es dort oben aussieht und dass wir die Farbenpracht in unserm ganzen Leben nicht mehr vergessen werden.

„Lasst uns fliegen!", dränge ich. „Flu ist bei uns!" Cri ist auch begeistert und kann es kaum erwarten. Schließlich legt auch Opa seine Bedenken beiseite.

„Allein bleibe ich nicht zurück!", lamentiert Omi. „Wir haben keine Astronautenausrüstung. Soll ich vielleicht mit der Küchenschürze fliegen?"

„Klar doch, Omi Wolke. Wir nehmen uns jetzt alle an den Händen und schauen hinauf zum Regenbogen. Jeder von uns wählt seine Farbe."

„Ich nehme blau!" Cri ist wieder einmal der erste.

„Meine Farbe ist violett", sage ich.

„Dann nehmen wir grün", entscheiden unsere Großeltern.

„Ich liebe rosa", lächelt Joanna.

„ Und ich orange mit gelb", gibt sich Flu zufrieden.

„Die rote Farbe ist für mich", sagt Chrysanth, die plötzlich auch vor uns steht. „Wie ich mich freue, euch alle wiederzusehen!"

Dann sind wir nach Flus Anleitung alle auf unsere Farben konsentriert. Es wundert mich, dass mir in so einem bedeutenden Augenblick die Schule einfällt. Die Lehrer werden Augen machen, wenn ich ihnen von meinem Ausflug auf den Regenbogen erzähle. Flus Stimme reißt mich aus meinem Gedankenwirrwarr.

„Wir halten uns fest an den Händen", wiederholt er. „Schließt für einen Moment die Augen und jeder denkt an seine gewählte Farbe. Dann müssen wir wohl riesige Entfernungen zurückgelegt haben, denn als wir die Augen öffnen, befinden wir uns in einer unvorstellbaren Farbenpracht. Unsere Körper fühlen sich an, wie Federn im Wind. Die verschiedenen Farben greifen an den Rändern ineinander über.

Von einer Farbe zur anderen scheinen riesige Weiten zu liegen. Und doch kann ich mit Leichtigkeit von einer Farbe zur anderen ganz leicht wechseln. Ich brauche es nur zu denken und schon geschieht es. Keiner von uns hat Angst. Wir fühlen eine unbändige Freude und Abenteuerlust. Deshalb besuchen wir uns gegenseitig. Jede Farbe beeinflusst uns auf ihre eigene Art."

Als ich auf Chrysanths Rot lande, werde ich von solch inniger Liebe zu allem was ist durchdrungen, dass ich ein unbändiges Verlangen verspüre, die ganze Welt zu umarmen. Vom kleinsten Käferchen angefangen bis zu den Schildkröten und Walen. Nichts wird ausgelassen. Auf Grün erkenne ich die herrliche Grünkraft der Wälder und Wiesen. Ich fühle mich dadurch stark wie ein Riese und voll Tatendrang. Es ist eine ungeheure Erfahrung.

Ich bin im Augenblick auch nicht der kleine Junge, für den ich auf der Erde gehalten werde. Ich fühle den Drang nach Höherentwicklung allen Lebens. Nun habe ich sicher für die folgenden tausend Jahre Energie und Lebensfreude. Es ist schon seltsam, dass unsere Körper nicht zerplatzen. Schließlich wechsle ich zu Flus orange-gelb, wo ich mich total geborgen fühle. Ich weiß mit Bestimmtheit, niemand und nichts ist imstande, mir Leid zuzufügen. Und noch etwas durchrieselt mich: Ich weiß alles, kann alles und bin in allem und überall gegenwärtig. Das ist nicht zu beschreiben. Man muss es selbst erleben. Auf Joannas Rosa überflutet mich eine Zärtlichkeit für Mensch, Tier und jeden Grashalm. Und obwohl es hier oben unendliche Weiten gibt, scheint alles ganz nah. Ich kann nur von meinen eigenen Erfahrungen berichten. Doch es ist ganz sicher für jeden von uns sein eigenes Erlebnis.

In diesem vollkommenen Wohlgefühl drängt sich plötzlich der Gedanke an die Arche auf. Wie ist das nur möglich?

„Weil du nicht für immer hier bleiben kannst, obwohl du es gerne möchtest. „Du hast eine Aufgabe auf der Erde, Flori!"

„Eine Aufgabe, Flu? Die kann ein anderer auch verrichten."

„Nein. Das kannst nur du. Genau so wenig wie du für einen anderen gesund werden oder essen kannst. Gewöhnlich ist es so im irdischen Leben, dass Eltern ihren Kindern mit Rat und Tat zur Seite stehen. Oft ist es aber auch umgekehrt. Ein Teil deiner Aufgabe ist darin gespeichert."

Ich wundere mich über dieses seltsame Gespräch und entdecke, dass wir uns plötzlich wieder in Omis Blumengarten befinden. Nun bin ich wieder der neunjährige Junge und nicht mehr das vollkommene Wesen von vorhin. Es dauert eine ganze Weile bis wir uns wieder unseres Daseins auf der Erde voll bewusst sind.

„Das glaubt uns niemand!“, meldet sich Opa mit einer Stimme, die ihm gar nicht zu gehören scheint.

„Das spielt keine Rolle“, wispert Omi. Sie sieht noch ziemlich verklärt aus.

„Wo sind die vielen Kinder geblieben?“, fragt Cri. „Wir haben zusammen gespielt. Es war sooo schön! Es waren die Regenbogenkinder.“

Flu, Joanna und Chrysanth haben sich zurückgezogen oder sind wieder einmal unsichtbar. Das kann ich noch immer nicht durchschauen. Auch ein Zeichen dafür, dass wir uns wieder auf der Erde befinden, wo die Vollkommenheit noch ziemlich viele Löcher hat.

Daraufhin begeben wir uns in die Arche.

„Ich fühle mich so, so, so eingeengt im Körper?“, sagt Omi. „Wie geht es euch?“

„Ich fühle dasselbe“, tröstet Opa.

„Dieses ungute Gefühl wird sich verlieren, sobald wir uns dem Leben auf der Erde wieder angepasst haben. Wir haben soviel erlebt und waren so weit entfernt, obwohl es in Wirklichkeit keine Entfernungen gibt. Dies ist eine Tatsache. Wir haben es erlebt."

Das Wetter spielt in der nächsten Woche total verrückt. Schwere Gewitter mit noch nie da gewesenen Platzregen prasseln auf die Erde nieder. Wir stehen mit Omi am Fenster und beobachten die dunkelgrauen Wolkenhaufen, die ein wütender Sturm vor sich hertreibt. Cri und ich dürfen die Arche wieder einmal nicht verlassen. „Zu gefährlich!", heißt es.

Trotz des frühen Nachmittags wird es draußen immer dunkler. Noch einmal zieht ein Gewitter auf. Das entfernte Grollen kommt rasch näher und verstärkt sich. Es wetterleuchtet am Horizont.

„Im Westen regnet es bereits", stellt Omi fest. „Ein Gewitter ist nicht mehr gar so gefährlich, wenn es sehr stark regnet."

In unserer Gegend fällt noch kein Tropfen. Doch das dumpfe Grollen nimmt an Stärke zu. Sunbeam verkriecht sich in seine Ecke. Cri hält sich die Ohren zu, kneift die Augen zusammen und flüchtet auf Opas Schoß.

Omi und ich stehen noch immer am Fenster. Das Grollen wandelt sich in ohrenbetäubendes Krachen. Ein Blitz folgt dem anderen. Es ist mucksmäuschenstill im Raum und unerträglich heiß. Wir haben Angst, denn wenn die Arche vom Blitz getroffen wird, sind wir alle mausetot. Also versuche ich gedanklich, Flu zu erreichen. Als er sich zeigt, atmen wir alle erleichtert auf. Und die schwüle Hitze weicht plötzlich einer angenehmen Kühle.

Das Gewitter steht jetzt genau über der Arche. Sunbeam wimmert. Ich schmiege mich an ihn. Meine Angst ist verflogen, weil ich mir sicher bin, dass Flu auch Herr über dieses Gewitter ist.

Das Donnern ist Cri in die Hose gerutscht. Es stinkt erbärmlich in der Küche. Noch immer können wir keine Fenster öffnen, denn draußen wüten Sturm und Regen gemeinsam.

„Komm ins Bad, du Stinkerwutz!" Cri weigert sich beharrlich. Er umklammert Opas Hals. Omi versucht es mit Gewalt.

„Lass ihn", sagt Opa. „Cri hat sich festgekrallt. Du könntest ihm die Finger brechen. Ich halte mir einfach die Nase zu."

Flu lächelt. Wenn etwas Außerordentliches geschieht, legt er seine Rechte zuvor in die Mitte seiner Brust. Augenblicklich fühlt sich der Raum mit Blumenduft. Auch Cris Hose ist wieder sauber und trocken. Doch das Gewitter steht noch immer über der Arche. Aber unsere Ängste sind verflogen. Nur Sunbeam wimmert und kann sich nicht beruhigen. Flu geht zu ihm und legt seine Hand auf den Kopf des Tieres. Sofort fällt der Hund in einen tiefen Schlaf.

Cri springt von Opas Schoß und will hinaus. Auch er scheint jetzt alle Angst verloren zu haben, obwohl es noch immer blitzt und kracht.

„Hier geblieben!", ruft Omi. „Erst machst du dir vor lauter Angst in die Hose und dann willst du hinaus in dieses Unwetter. Du hörst doch, wie es noch immer wütet."

„Habt ihr vergessen, dass ich auch das Feuer beherrsche? Die Blitze gehören dazu. Aber eure Oma hat recht. Ihr dürft euch nie einer Gefahr aussetzen, wenn ich nicht sichtbar anwesend bin."

„Flu", begeistert sich Cri, „gehen wir Blitze fangen!"

Opa und Oma sind geradezu entsetzt. „Blitze fangen?!"

Flu lächelt. „Warum denn nicht?"

„Lieber kleiner Flu, steck bitte deine Hände in die Hosentasche! Blitze fangen! So ein Unsinn! Das hat die Welt noch nicht gehört."

„Da hast du recht, Omi Wolke.

„Es ist zu spät. Der Platzregen prasselt noch immer auf das Dach.

„Kommt alle mit hinaus!", lädt uns Flu ein. Er lacht über unsere erstaunten Gesichter.

„Es schüttet wie aus Eimern!", lamentiert Omi.

„Nicht mehr", klärt Flu auf.

Tatsächlich, der Regen hat urplötzlich aufgehört. Wir stürzen ans Fenster. Außer Flu. Aber es blitzt und donnert noch immer.

„Sehr gefährlich!", japst Omi.

„Wollt ihr nun mitkommen?", fragt Flu schelmisch. „Ich werde Blitze fangen, sie weiter schleudern oder löschen. Was ist? Habt ihr die Sprache verloren? Wollt ihr nun zugucken oder euch weiter in der Küche verkriechen?"

„Bliii---iiize Blitze fangen?!", stottert Omi. „Das ist ein Witz. Lass es sein, Flu! Warum kannst du nicht auch einmal tun was ich will?"

„Du brauchst um mich keine Angst zu haben, Omi Wolke. Mir kann nichts Übles geschehen. Vertrau mir! Es wird ein Schauspiel. Hast du nicht selbst gesagt, so etwas hat die Welt noch nicht gesehen. Es wird ein Abenteuer und eine neue Erfahrung, auch für euch."

Flu eilt voraus und wir alle schleichen hinten nach. Opa ist neugierig. Oma noch ängstlich. Cri und ich wären am liebsten selbst mitgeflogen, um Blitze zu fangen.

Flu hebt seine Hand und schon geschieht das Unglaubliche. Er fliegt nach oben, immer höher und höher und höher und schon hält er einen Blitz wie eine Feuerschlange in der Hand. Wir stehen da und wagen kaum zu atmen. Und Flu fängt einen Blitz nach dem anderen. Wirft sie weg, fängt sie wieder. Es ist ein herrliches Schauspiel.

Wir schauen und staunen bis unsere Nacken steif und zu schmerzen beginnen. Trotzdem kann keiner von uns aufhören, das Wunder zu beobachten.

Unsere Oma fängt sich zuerst. „Donnerlottchen noch einmal. Flu, komm wieder herunter!"

Aber unser kleiner Freund ist plötzlich nicht mehr da, weder oben noch unten. Und weshalb? Weil Mutti im Anrollen ist.

„Du meine Güte!", erschrickt Opa, „das ist Magdalena. Haltet bloß euren Mund. Kein Wort über unsere Erlebnisse."

Der Himmel zeigt sich jetzt blau und klar. Nicht das kleinste Federwölkchen ist zu sehen.

„Sonderbar", staunt Omi. „Findet ihr nicht auch?"

Plötzlich steht Mutti hinter uns.

„Warum steht ihr alle hier draußen? Noch dazu auf der Südseite. Es ist so unerträglich heiß heute. Die Landwirte warten sehnsüchtig auf Regen."

„Auf Regen?!", plappern wir alle wie auf Kommando.

„Ja, auf Regen. Wenn es lange nicht geregnet hat, warten vor allem die Bauern auf das ersehnte Nass. Das ist doch nichts Neues."

„Warum bist du nicht nass, Mutti?“, fragt Cri.

Ich trete meinem kleinen Bruder auf die Zehen. Er quietscht zwar, kapiert jedoch nichts. In unseren Köpfen schießen die Gedanken kreuz und quer. Haben wir geträumt und uns den Regen und das Blitze fangen nur eingebildet? Opa bückt sich und greift ins Gras.

„Staubtrocken“, stellt er ganz verstohlen fest.

„Das ist immer so, wenn es lange nicht geregnet hat“, sagt Mutti kopfschüttelnd. „Was ist hier los? Ist vielleicht ein Außerirdischer gelandet?“

„Nein. Wo deee – eeenkst – du – hin?“, stottert Omi wieder einmal.

„Flu ist gelandet!“, plappert Cri.

„Ja, ja, mein Kleiner“, sagt Mutti liebevoll. „Du und deine glorreiche Fantasie.“

„So ein Glück!“, freut sich Opa.

Und um weiteren Fragen zu entkommen, geht er allen voran ins Haus. Jeder von uns ist noch mit dem eben Erlebten beschäftigt und es ist nicht leicht, es für sich zu behalten. Aber Mutti würde uns für verrückt erklären. Blitze fangen! Der Besuch auf dem Regenbogen! Das heftige Gewitter! Der strömende Regen, welcher, wie es scheint, nur für uns existierte. Das alles war Flus Werk. Und dann behauptet er noch, dass eines Tages auch die Bewohner der Erde dasselbe oder ähnliches zustande brächten.

Cris Gekrächze reißt mich aus meinen Gedanken.

„Das war sooo lustig, Mutti?"

„Was denn, mein Kind?"

Wir halten alle den Atem an und Opa greift ruckartig nach seinem Enkel. Aber der windet sich wie eine Schlange. Deshalb gelingt es keinem von uns, ihm den Mund zuzuhalten. Das Unheil nimmt seinen Lauf.

„Sag schon!", drängt Mutti ihren Jüngsten.

„Flu hat Blitze gefangen. Und auf dem Regenbogen waren wir auch."

Omi steht da wie eine Statue. Nur ihre Augen scheinen lebendig und wandern nervös von einem zum anderen. Ich hätte Cri am liebsten eine geknallt. Er kann einfach den Mund nicht halten. So was von dämlich! Schließlich stehen unsere Ferien auf dem Spiel. Noch einmal haben wir riesiges Glück. Mutti lacht über Cris Gefasel und meint:

„Das war sicher sehr lustig, mein Kleiner. Da möchte ich auch einmal dabei sein. Komm her zu mir, du Zwerg! Du hast vielleicht eine tolle Fantasie!"

„Nicht wahr, unglaublich!", meint Omi und ich sehe, wie erleichtert sie ist. „Es ist auch kein Wunder, Magdalena, sein Opa erzählt ihm ja ständig Fantasie-und Räubergeschichten."

„Ich?" Opa gesellt sich wieder zu uns.

„Natürlich du, wer sonst? Mir fällt so etwas Verrücktes bestimmt nicht ein. Blitze fangen, dass ich nicht lache."

Cri setzt schon wieder zum Quaseln an. Da stoppt ihm Omi blitzschnell ein Stück Schokolade in den Mund.

Daraufhin begeben wir uns alle in die Küche. Die nächsten Minuten haben wir nichts zu befürchten, denn Omi serviert uns ihren frisch gebackenen Kuchen. Cri mampft und schon verlangt er ein zweites Stück.

„Dabei ist er noch immer spindeldürr, obwohl ich mein Bestes tue. Das kannst du mir glauben, Magdalena. Er ist zu quirlig und vom Stillsitzen hält er rein gar nichts. Außer er isst oder schläft. Aber Sorgen sind unnötig. Cri ist kerngesund."

„Wenn er in die Schule kommt, muss er stillsitzen. Dann wird er auch zunehmen", sagt Opa. „Außerdem ist er gewachsen."

„Ich mache mir auch keine Sorgen um Cri", meint Mutti. „Aber mit euch stimmt doch etwas nicht. Oder täusche ich mich?"

„Bestimmt tust du das!!", meint Omi und ihre Stimme klingt viel zu hoch. Und das ist verdächtig.

„Es ist alles bestens, Magdalena!", bestätigt Opa und nickt viele Male.

Mutti bleibt misstrauisch. Sie sieht uns alle sonderbar an. Hoffentlich fährt sie bald nach Hause. Falls sich Cri noch einmal verplappert, sind wir geliefert.

Cris Teller ist schon wieder leer.

„Mutti!", kreischt er. Du hättest..."

Opas Hand fährt blitzschnell hoch und hält ihm den Mund zu. Aber Cri rutscht vom Sessel und landet unter dem Tisch. Er hebt das Tischtuch ein wenig hoch und guckt darunter wie ein Kobold hervor.

„Mutti, es hat so gekracht, dass ich vor lauter Angst in die Hose gemacht hab. Aber dann ist Flu..."

Opa springt auf und zehrt diesen Kobold, der sein Enkel ist, unter dem Tisch hervor.

„Hör endlich auf mit diesem Kasperltheater, Cri! Du hast wieder einmal geträumt. Das ist alles."

„Was redet der Kleine?", fragt Mutti. „Die ganze vergangene Woche hat es kein Gewitter gegeben."

„Das weiß der Kuckuck." Omi seufzt.

„Frag ihn doch, Mutti, den Kuckuck!", ruft Cri. „Er hat sich bestimmt auch gefürchtet. Kein Gewitter? Es hat geblitzt, gekracht und das Wasser ist vom Himmel gekommen, dass wir nicht mehr aus dem Fenster sehen konnten."

Opa und Oma schweigen. Keiner kommt gegen Cris unaufhörliches Geplapper an. Ich habe eine Stinkwut auf Cri im Bauch. Als Mutti aufsteht, fühle ich Erleichterung.

„Es ist zwar sehr gemütlich und auch verwirrend bei euch, aber auf mich wartet eine Menge Arbeit. Ich komme bald wieder."

Wir begleiten Mutti den Wiesenweg hinunter zum Auto. Als sie endlich abfährt, atmen wir alle erleichtert auf. Auf dem Rückweg packe ich Cri bei den Ohren.

„Du Hornochse!!", fauche ich. „Du, du, du! Ich könnte dir eine runterhauen, die sich gewaschen hat."

„Wieso gewaschen?", fragt Cri total unschuldig. „Ich wollte Mutti nur erzählen..."

Noch einmal greife ich nach Cris Ohren. Ich hätte gerne noch länger daran gezogen, aber mein kleiner Bruder tritt mir gegen das Schienbein, sodass ich laut aufschreie und augenblicklich los lasse.

„Beruhige dich, Flori", versucht mich Opa zu trösten. „Mit dem Dreikäsehoch müssen wir alle fertig werden."

Die Ferien sind schon halb vorüber. Das ist für einen Jungen wie mich eine ziemlich traurige Angelegenheit. Da ich aber lieber fröhlich als traurig bin, sage ich nur, dass ich ja die Hälfte der Freizeit noch vor mir habe. Der Bach ist wie immer unser bevorzugter Spielplatz. Cri habe ich das Schwimmen beigebracht. Das war harte Arbeit. Noch ungeschickter hätte er sich gar nicht anstellen können. Aber inzwischen hat er die Angst vor dem Wasser überwunden. Jetzt schwimmen wir oft zusammen um die Wette. Manchmal ist der Teich interessanter als der Bach. Dann ist es wieder umgekehrt.

Flu ist unser aller Freund. Er zeigt sich immer wieder. Wir sprechen zusammen oder lauschen seinen Erzählungen. Am meisten fasziniert mich die Geschichte von der Entstehung der Erde und wie sich alles entwickelt hat von Anbeginn. Und dann unsere Abenteuer! Was ist dagegen ein Raumflug? Rein gar nichts! Ich habe von Flu manches erfahren, das ich jetzt noch nicht preisgeben möchte. Man würde mich als Lügner hinstellen. Ich muss auf meinen guten Ruf achten. Es genügt mir der schlechte in der Schule.

Wenn Flu zu uns kommt, werden wir immer wieder mit einer großen Freude erfüllt. Es ist nun schon länger nichts Außergewöhnliches mehr passiert. Unsere Großeltern sind darüber heilfroh. Aber Cri und ich haben schon wieder Lust auf ein neues Abenteuer. Das vertraue ich Opa an.

Er meint jedoch, im Augenblick sei meine größte Herausforderung wieder ein Aufsatz. Ich hätte die Angelegenheit schon viel zu lange hinausgeschoben. Er sei schon gespannt darauf, wie ein Regenschirm.

Obwohl die Sonne zu den Fenstern hereinlacht, muss ich mich hinsetzen und schreiben. Eine Zeitlang starr ich Löcher in die Decke. Dann knabbere ich am Bleistift. Es will mir nichts einfallen.

„Wenn du nicht endlich anfängst, sitzt du morgen früh noch da", rügt Opa. „Es gibt kein Weglaufen, ehe der Aufsatz fertig ist."

Ich sehne mich nach meinem Freund. Aber ich weiß, er besteht auf meinen eigenen Anstrengungen. Ich brauche ihn also gar nicht zu fragen. Für ihn wäre es ein Leichtes, einen fehlerfreien, erstklassigen Aufsatz hinzulegen. Nur kein vernünftiger Mensch würde mir glauben, dass ich der Urheber bin. Schließlich huschen doch einige Gedanken an mir vorüber. Ehe sie mir wieder entschwinden, schreibe ich sie flugs nieder:

Die Ferien verbringen mein Bruter und ich bei meinen Groseltdern in der Arche. Sie hat einmal dem Noah gehörd, behaubtet Opa. Der soll vor einigen Tausend Jahren gelept haben. In der Arche. Weil das Land überschwemmt war. Aber sie ist noch gut erhalden. Wo Noah geblieben ist, weiss ich auch nicht. Vielleicht ist er ausgewandert. Wir sind nur in den Ferien hier. Manchmal zu den Wochenenten. Damit wir Mutti nicht so auf die Nerfen fallen. Heuer haben wir schon viel erlept. Einmal hat Flu Blizze geschleudert. Dorthin wo die Neger wohnen. Die haben nämlich keine Blizzangst, weil sie fast immer im Freien wohnen und daran gewöhnt sind, dass es blitzt und krachd. Einmal ist Cri in den Teich gefallen. Fast wäre er ertrunken. Der morsche Ast hat das Grispindel nicht ausgehalden.

Weil der nicht schwimmen konnde hat ihn ein Ausserirdischer geretet. Das war ein tolles Erlebnis, weil Omi einen fürchterlichen Schreck bekomen hat. Sie war ganz gelb im Gesicht. Aber es ist wieder vergangen. Ich habe noch viel erlebt. Einmal spazierden wir auf dem Regenbogen herum. Der Opa hat viellecht geschaut. Wer es nicht glaubt, kann mich fragen. Ich weis, wie es dort ausschaut. Bunt! Gestern haben sich unsere Groseleten einen Krihmi im Fernsehen angeschaut. Cri hat geschlafen. Aber ich habe heimlich geguckt.

So mit einem Aug. Und was habe ich da gesehn. Ich war entsezt. Eine tote Großmuter ist den Fluss hinuntergeschwomen. Man wirft einfach alles weg! Das sagt Opa oft. Jetzt tut mir die Handt vom vielen Schreiben weh. Ich höre auf weil es noch interessandere Dinge gibt auf dieser Welt als diesen Aufsaz, für den sich sowieo kein Schwein inderessiert. Habe mich aber bemüht. Kein Mensch ist fehlerfrei, sagt Opa oft.

Den Rest des Vormittags. verbringen Cri und ich wieder einmal am Bach. Da unsere Hosen und Hemden nach dem Spielen immer patschnass und schmutzig sind, haben wir beschlossen, uns vorher auszuziehen. Das erspart Omi viel Arbeit und uns Ärger. Cri und ich nehmen uns vor, den Großeltern von unserer Nacktheit nichts zu erzählen. Omi schämt sich, glaube ich, obwohl wir und nicht sie nackt ist. Manchmal sind die Erwachsenen schwer zu verstehen. Unter der Dusche sind wir auch nackt. Da stört es keinen. Behalten wir die Kleider an, werden sie nass und schmutzig. Ziehen wir sie aus, heißt es:

„Pfui, du Nackerpatzerl!" Möchte wissen, was da pfui ist?

Cri und ich haben eine tadellose Figur, was schließlich nicht jeder behaupten kann. Vati zum Beispiel hat einen Vorhängebauch. Das sagt Mutti. Er schämt sich, wenn wir zusammen ein paar Tage Ferien machen und er mit der Badehose am Strand liegt. Am Bach ist es viel interessanter als dort. Da liegen die Menschen solange in der prallen Sonne bis ihnen das Hirn schmilzt. Das hat Opa einmal gesagt. Wenn sie dann in ihrer Blechkiste nach Hause fahren, bauen sie Unfälle. Außerdem sind am Strand viel zu viele Menschen. Der Teich gehört uns ganz allein, außer ein paar Kröten und Libellen. Wenn man älter wird wie ich, sucht man schließlich ein ruhiges Plätzchen.

Beim Spielen vergeht die Zeit wie im Flug. Wenn ich aber einen Aufsatz schreibe, zieht sie sich wie Omis Strudelteig. Als Opa zum Mittagessen ruft, stürmen wir diesmal nicht sofort los, obwohl uns der Magen kracht. Erst einmal ducken wir uns, damit er uns nicht sieht. Wir sind nackt. Das waren Adam und Eva im Paradies auch. Opa hat es uns vorgelesen. Als Opa nicht mehr vor der Haustür zu sehen ist, fahren wir blitzschnell in unsere Kleider und sausen den Hügel hinan zur Arche. Omi staunt, als wir so trocken und sauber vor ihr auftauchen.

„Na seht ihr, so geht es auch", lobt sie uns.

„Es ist auch viel schöner, wenn wir so pudel...am Bach spielen."

Beim „pudelna..." bekomme ich einen starken Hustenanfall. Omi stemmt die Hände in die Hüften und fixiert uns.

„Habt ihr etwas angestellt, Flori?"

„Nein, Omi!"

Nackt herumzulaufen ist in Ordnung, finde ich. Was andere darüber denken, ist mir egal. Wenn Omi dahinter kommt, dürfen wir es nie wieder tun. Cri ist so eine Quaselliese. Es gibt keine Worte. Er vergisst alles und begreift rein gar nichts. Ansonsten kann ich mir nicht vorstellen, dass er ständig versucht, sich selbst und mich ins Unglück zu stürzen.

Opa sitzt in der Küche und beschäftigt sich mit meinem Aufsatz. Er scheint ihn mächtig zu interessieren. Das freut mich riesig. Vielleicht gibt es eine Belohnung. Als er das

Blatt auf den Tisch legt und mich wortlos anschaut, bin ich mir nicht mehr sicher, ob Opa lacht oder weint. Es ist schwer auseinander zu halten. Er schneidet ganz komische Grimassen. Omi sieht das auch.

„Ist dir nicht gut, Willi?", fragt sie.

„Unser Enkel hat einen Aufsatz geschrieben." „Das ist zwar eine Seltenheit, aber nichts Außergewöhnliches", meint er und hält sich die Hand vor den Mund.

Aber dann, ganz plötzlich, krümmt sich Opa vor Lachen. Macht er sich etwa über meinen Aufsatz lustig? Ich kann mich nicht erinnern, etwas Lächerliches geschrieben zu haben.

„Da muss ja etwas Tolles drin stehen", meint Omi neugierig. „Lies vor!"

„Ich kann nicht!", kichert Opa. „Du musst es selbst lesen. Der Aufsatz ist außergewöhnlich."

„Wahrscheinlich schreien seine Rechtschreibfehler um Hilfe."

„Das auch, gewiss!"

„Also gut, ich lese den Aufsatz nach dem Essen, damit mir der Appetit auf mein köstliches Kartoffelgulasch nicht vergeht."

Omi schüttelt den Kopf über Opas erneuten Lachanfall und holt das Erdäpfelgulasch. Wie das herrlich duftet! Mir läuft das Wasser im Mund zusammen, weil ich auf der Anrichte die Nachspeise entdecke. Schokoladenpudding mit Schlagsahne. Cri geht es ähnlich. Er benimmt sich ziemlich verrückt. Das Warten auf den Pudding ist für ihn eine Pein. Nur ich kann mich beherrschen.

Omi schöpft zuerst Opas Teller voll. Dann kommen Cri und ich an die Reihe. Omi ist immer das Schlusslicht. Cris Teller ist im Nu leer.

„Kein Wunder, dass sich bei dir nichts anlegt, Kleiner. Du musst langsam essen. Keiner nimmt dir etwas weg. Wenn du nicht gehorchst, bleibst du spindeldürr", warnt Omi.

„Macht nichts", grinst Cri und hält Omi den leeren Teller hin.

Zwischen Erdäpfelgulasch und Pudding greift Omi nach meinem Aufsatz. In Opas Gesicht beginnt es schon wieder heftig zu zucken. Cri springt auf, um sich seinen Pudding zu holen. Aber er muss ihn wieder hinstellen.

„Du wartest!", fordert Omi. „Erst hören wir uns den Aufsatz an." Cri macht eine Schnute, aber er gehorcht.

Omi liest laut vor. Zwischendurch stöhnt sie:

„So viele Fehler!!"

Als sie schließlich zu dem Satz kommt: ‚Gestern sah ich im Fernsehen, wie eine tote Großmutter den Fluss hinunterschwamm. Man wirft einfach alles weg, das sagt Opa oft!' Omi schaut plötzlich bitterböse drein. Sie sitzt da wie eine Gans, die das Schnattern vergessen hat. Ich bemerke, wie sich Opa auf die Lippen beißt. Er versucht das Lachen zu unterdrücken.

„Das ist eine Gemeinheit!", wettert Omi und wirft Opa den Zettel an den Kopf. „Und du kannst darüber auch noch lachen?!"

„Flori hat das doch nicht böse gemeint, Erni! Und ich schon gar nicht! Ein dummer Zufall, wie sich der Bub da ausdrückt."

Doch Opa schneidet schon wieder Grimassen. Omi schaut ihm ein Weilchen zu. Schließlich verschwindet der finstere Ausdruck in ihrem Gesicht. Erst fängt sie an zu kichern und dann stimmen beide ein Lachkonzert an. Cri und ich stimmen mit ein. Wir hören erst auf, als uns Bauchschmerzen quälen.

Um sich die Zeit auf den Nachtisch zu verkürzen, hat sich Cri noch einen Schöpfer Gulasch genommen. Plötzlich tobt er:

„Auf meinem Teller liegt eine kleine Kanonenkugel."

„Das ist ein Pfefferkorn, du Dummerl!", klärt ihn Omi auf.

Endlich steht der Pudding dann doch vor uns. Aber nicht lange. Gleich darauf laufen wir wieder hinunter zum Bach. Ich kapiere noch immer nicht, warum sich Opa über meinen Aufsatz halb tot gelacht hat. Und weshalb war Oma derart wütend? Erst habe ich die Plage mit dem Schreiben und dann ist es auch nicht recht. Aber ich hab ganz andere Sorgen.

„Bald hättest du uns verraten, Cri. Du bist ein echtes Kamel!"

„Mit einem Höcker?", will er wissen.

„Sobald Omi dahinter kommt, dass wir nackt am Bach spielen, dürfen wir das nie wieder tun. Kannst du nicht einmal den Mund halten? Am besten du bleibst in Zukunft in der Arche und ich baue allein mein Wasserkraftwerk."

Das will Cri natürlich nicht. Also verspricht er mir hoch und heilig, sich nicht mehr zu verplappern. Aber bei Cri weiß man das nie. Er vergisst einfach alles. Sein Gedächtnis funktioniert noch nicht so richtig.

Wir sind gerade beim Steine schleppen, um für eine dicke Kröte ein Familienheim zu errichten, als plötzlich Wind aufkommt. Erst achten wir nicht darauf, weil uns der Bau so gefangen nimmt. Der Wind wird immer stärker. Er heult und versucht, die Blätter von den Bäumen zu reißen.

„Das ist ein Sturm! Wir müssen schleunigst nach Hause! Komm, mach schnell, Cri!"

Wir krabbeln ans Ufer, um uns anzuziehen. Aber weder unsere Unterwäsche noch unsere Hemden und Hosen sind zu sehen. Wir suchen das Ufer ab. Nichts.

„Mir ist schrecklich kalt", jammert Cri.

Und dann, o Schreck, sehen wir unsere Kleider, vom Winde verweht, den Bach hinuntersegeln. So was von peinlich. Meine Zähne haben nun auch angefangen, vor Kälte zu klappern. Cri hat es leichter. Ihm fehlen in der Zwischenzeit schon einige. Er steht da, gebückt und mit hochgezogenen Schultern. Sein dünner Körper zittert wie Espenlaub.

„So können wir nicht nach Hause, Flori", bebt er. „Was machen wir nur?"

Der Sturm reißt an unseren Haaren und prallt an unsere nackten Körper, dass es schmerzt. Ich bin selten ratlos. Aber diesmal weiß auch ich nicht mehr weiter. Die ganze Zeit habe ich in Gedanken nach Flu gerufen. Aber er lässt sich nicht blicken. Vielleicht hat er einen Abstecher in den Weltenraum gemacht. Doch wir müssen schleunigst nach Hause. Sobald Omi merkt, dass wir noch nicht in der Arche sind, bricht Chaos aus. Ich greife nach Cris Hand und halte sie so fest ich nur kann, weil ich Angst habe, der Sturm bläst ihn fort wie unsere Klamotten.

„Omi wird böse sein!", schreie ich, so laut ich kann.

Aber Cri hört mich nicht. Der Sturm reißt mir die Worte vom Mund. Ich drücke Cri den Kopf nach unten, weil er fürchterlich nach Luft ringt. So kämpfen wir uns den Hügel hinauf. Omi steht vor der Haustür und hält Ausschau. Opa läuft uns entgegen. Ich habe völlig vergessen, dass wir nichts anhaben. Opa merkt es nicht. Er ruft nur immerzu:

„Gott sei Dank! Gott sei Dank! Ihr seid mir vielleicht eine Rasselbande."

„Wir dachten schon, der Sturm hat euch davongetragen", lamentiert Orni, als wir endlich in Sicherheit sind.

„Nur unsere Klamotten", verrät Cri.

„Waaas? Red keinen Unsinn, Kleiner!"

Der Sturm reißt an Fensterläden und Türen. Vielleicht trägt er die ganze Arche mit sich fort. Cri und ich kuscheln uns auf dem Sofa zusammen. Sunbeam kommt zu uns. Jetzt fürchten wir uns alle zusammen. Omi bringt uns Strickjacken.

„Es ist kalt geworden!", sagt sie.

Jetzt erst entdecken wir, dass wir angezogen sind und zwar mit den Kleidern, die uns der Sturm in den Bach geweht hat. So eine Überraschung!

„Wieso?", staunt Cri. „Unsere Hosen und Hemden sind den Bach hinuntergesegelt. Ich bin völlig übergerascht!"

„Überrascht!", verbessere ich und komme selbst aus dem Staunen nicht heraus.

Omi macht uns ein warmes Süppchen und bald darauf schlafen wir wie die Murmeltiere.

Cri und ich halten uns in den nächsten Tagen viel im Teich auf. Er hat alle Scheu vor dem Wasser verloren. Heute schwimmen wir mit den Fischen um die Wette. Wir sind schon wieder begierig auf das nächste Abenteuer. Flu haben wir zwei Tage nicht gesehen. Die Sonne scheint, das Wasser kühlt. Doch ohne Flu ist alles nur halb so schön. Meine Sehnsucht nach ihm wächst wieder einmal mit jeder Minute.

Am nächsten Morgen, als wir gerade beim Frühstück sitzen, taucht Flu auf. So aus dem Nichts. Wie immer, freundlich und liebevoll.

„Möchtet ihr mit mir durch die Lüfte fliegen?", fragt er.

„Durch die – Lüfte fliegen?!", entsetzt sich Omi.

„Wie meinst du das? Nein, das wollen wir nicht! Lass uns hier auf der Erde bleiben. Wir durften schon soviel erleben. Nein, keine neuen Abenteuer. Es könnte auch einmal schief gehen."

„Waaas?!“ Flu tut erstaunt. „Vertraust du mir nicht mehr? War es auf dem Regenbogen nicht wunderschön? Diese Farbenpracht! Erinnerst du dich, Omi Wolke? Wo bleibt deine Abenteuerlust?“

„Ich möchte mitfliegen!“, sagt Opa.

„Du bleibst hier bei mir, Willi! Und die Kinder auch!“

„Ich bin ein freier Mann. Mit Flu kann uns nichts Ungutes geschehen. Also, was ist? Sobald ein Mensch aufhört, neugierig zu sein, etwas zu erleben, ist er alt.“

Das lässt Omi nicht auf sich sitzen. Sie will auf keinen Fall als alt angesehen werden. Flu hat an diesen kleinen Streitereien sicher seinen Spaß. Er lächelt, wenn es Omi wieder einmal auf die Spitze treibt.

„Aber heute bläst ein starker Wind“, sagt Omi zögernd.

„Umso besser!“, freut sich Opa. „Kannst du dir vorstellen, was es heißt, vom Wind getragen zu werden? Du kannst natürlich auch hier bleiben, Erni. Wir zwingen niemand, nicht wahr, Flu?”

„Tun wir niemals!“ Flu lacht und es klingt ansteckend.

Cri und ich sind natürlich hellauf begeistert. Wir können es kaum erwarten. Cri trippelt von einem Bein auf das andere.

„Mach dir nicht in die Hose, Kleiner!", sagt Omi.

„In meine?", fragt Cri. „Nicht einmal als Baby habe ich das getan", lügt er.

„Du bist und bleibst eben ein Wunderkind! Ich wette, deine Mutti erzählt mir da eine ganz andere Geschichte. Du hast ziemlich lange in den Windeln gesteckt."

„Davon weiß ich gar nichts. Kommst du mit uns oder bleibst du hier, Omi?"

„Allein? Nein! Wo geht der Flug den diesmal hin, Flu?"

„Flu!", ruft Cri, „hast du unsere Kleider aus dem Bach gefischt, als wir so pudel – pudel..."

„Welche Kleider meinst du?", unterbreche ich und versuche Cri mit meinen Blicken zu durchbohren.

Flu rettet die Situation. „Wo wollt ihr hin? Jeder hat einen Wunsch frei."

Cri drängt sich , wie immer, vor.

„Ich will zu meinem Schutzengel! Omi hat mir schon viel von ihm erzählt, deshalb möchte ich ihn kennen lernen."

„Gut. Und du, Flori?"

„Ich möchte in Afrika auf einem Elefanten und einem Löwen reiten. Opa hat ein Buch über diesen Kontinent."

„Also nach Afrika. Versprochen. Und dein Wunsch, Opa Wolke?"

„Du fragst, obwohl du bereits weißt, was ich sagen werde. Habe ich recht, Flu?"

„Sag es trotzdem, Opa Wolke?"

„Darf ich meine verstorbenen Eltern sehen?"

„Willst du das wirklich? Du redest Unsinn, Opa Wolke!"

„Falls es nicht möglich ist, bin ich auch zufrieden." „Alles ist möglich. Du solltest nur deinen Satz noch einmal überdenken. Willst du Tote oder Lebende sehen?"

„Ich habe verstanden. Es gibt keinen Tod. Also die Lebenden. Wie ich mich freue! Danke, Flu!"

„Und du, Omi Wolke?"

„Ich möchte noch einmal jung sein. Auf einer Wolke sitzen und den blauen Planeten von oben bewundern."

„Alle eure Wünsche werden erfüllt. Was immer geschieht, es steckt Sinn dahinter. Durch das bevorstehende Erlebnis werdet ihr erleben, was es heißt, das Element Luft zu beherrschen. Wer weiß noch, was in Mozarts Zauberflöte steht? „Der, welcher wandert die Straße voll Beschwerden, wird rein durch Feuer,Wasser, Luft und Erden!", zitiert Opa stolz.

„Daran sollt ihr euch immer wieder erinnern", sagt Flu. „Es ist eine Tatsache! Aber nicht alle Erdenbürger können das verstehen. Noch nicht, sagen wir mal."

Gleich darauf geht es los.

Schon fühle ich mich leicht wie eine Feder. Wie ich mitbekomme, geht es den anderen ebenso. Der Wind trägt uns auf seinen Flügeln. Ein unbeschreiblich schönes Gefühl, so durch die Lüfte zu schweben. Ich sehe, wie Cri seine Arme weit ausbreitet. Auch Opa und Oma genießen den Flug. Da ist keine Spur von Angst. Flu sieht irgendwie verändert aus. Durchsichtig, würde ich sagen. Papi und Mami fallen mir ein. Nicht auszudenken, wenn sie uns jetzt sehen könnten. Aber ich werde mich nicht weiter damit beschäftigen.

Und da ist sie auch schon, die große Überraschung! Wir sehen ihn alle, als er vor uns auftaucht. Cris Schutzengel! Er ist unbeschreiblich schön. Er winkt und wir fliegen alle hinter ihm her. Der Engel greift nach Cris Hand. Nebeneinander schweben sie einher. Irgendwann landen wir alle auf einer Frühlingswiese voll duftender Blumen. Es ist angenehm warm. Wir alle sind voller Freude. Keiner spricht. Ist auch nicht nötig. Der Engel hat seinen Schützling in die Arme genommen.

Cri leuchtet geradezu vor Glück. Es ist dies ein unbeschreiblich rührendes Bild.

Flu steht jetzt vor uns in einer völlig anderen Körperform. Groß, helle Hautfarbe, wunderschön.

„Flu", flüstere ich, „wer bist du jetzt?" Vielleicht denke ich es auch nur. Hier oben ist das schwer zu unterscheiden.

„Ich bin immer derselbe, mein Freund. Nur die Form ändert sich. Das ist ganz einfach, weil ich das Element Erde beherrsche. Ihr wisst das."

„Ja. Aber es ist immer wieder neu für uns. – Sag, gibt es hier keine Tiere?"

„Tiere gehören zum Menschen. Sieh dich um, Flori!"

Und da sind sie auch schon. Eine Unzahl großer und kleiner Tiere. Die Frühlingswiese scheint sich immer weiter auszudehnen. Sie ist mit bunten Blumen übersät. Zwischen zwei Laubbäumen entdecke ich Schmetterlinge. Ich kann mich an ihrer Schönheit nicht satt sehen. Hier dürfen sie bestimmt länger und ungefährlicher leben.

„Niemand stirbt hier", sagt Flu. „Will man etwas ändern, löst sich die Form auf, kehrt zu den Elementen zurück und gestaltet sich neu. Ist das nicht wunderbar?"

Ich vergesse zu antworten, denn meine Aufmerksamkeit wird jetzt von einer Elefantenmutter mit ihrem Kind gefangen genommen. Beide baden in einem kleinen See. Ein Löwe spaziert gemächlich auf uns zu. Wir fühlen keine Angst. Alles Leben ist hier von Frieden und Freude durchdrungen. Das kann ich fühlen. Kein Tier würde einem anderen Schmerzen zufügen.

Die Elefantenmutter kommt ans Ufer und beugt ihren Kopf tief herunter. Es gelingt mir trotzdem nicht, ihren Rücken zu erklimmen. Da packt sie mich mit ihrem langen Rüssel um die Mitte und schon sitze ich oben. Gleich darauf stampft sie davon. Ich fühle mich auf dem Rücken des Tieres wie ein König. Mindestens.

Ich weiß nicht, wie viel Zeit vergangen ist, seit ich hier oben sitze und Afrika erlebe. Das alles ist schwer zu erklären. Man muss es erleben. Als ich mich abzusteigen entschließe, hält mir der Elefant seinen Rüssel hin und setzt mich sachte auf den Boden.

Cri und sein Schutzengel, Opa und Omi sind auch da. Jetzt bemerke ich, dass ein Löwe auf mich wartet. Also bedanke ich mich bei der Elefantenmutti und ihrem Kind, das immer hinter uns hergelaufen ist.

„Was bist du schön!", bewundere ich das große Tier mit der langen Mähne, welches plötzlich neben mir steht. „Darf ich vielleicht auch auf dir reiten?"

„Das hast du dir doch gewünscht", antwortet der Löwe.

Ich wundere mich kein bisschen, als ich ihn sprechen höre. Schon sitze ich auf seinem Rücken und los geht's. Mit den Fingern kralle ich mich in seiner Mähne fest, obwohl ich überzeugt bin, dass ich gar nicht herunterfallen kann, weil in diesem Wunderland nichts Ungutes geschieht.

Donnerwetter! Ist das ein Ritt! Der Wind pfeift mir um die Ohren. Großartig! Wundervoll! Ich erlebe die afrikanische Landschaft und finde sie noch viel schöner, als in Opas Büchern. Ich habe keine Ahnung, wie lange wir so dahinsausen. Vielleicht haben wir bereits den ganzen Kontinent durchritten, von Tunis bis Kapstadt. Es ist wirklich alles möglich. Obwohl es in Afrika bekanntlich meist sehr heiß ist, fühle ich mich ausgesprochen wohl. Noch immer jage ich auf dem Löwen dahin. Kein noch so teueres Auto kann dieses Gefühl ersetzen.

Doch irgendwann befinden wir uns alle wieder auf der duftenden Frühlingswiese. In der Nähe entdecke ich einen Teich mit schimmernd weißen Seerosen. Wassernixen tummeln sich darin.

„Flu", bettle ich, „darf ich hier bleiben? Ich möchte dieses wunderschöne Land nie mehr verlassen."

„Du hast auf der Erde eine Aufgabe, mein Freund. Es ist wichtig, glaube mir".

Er steht jetzt vor mir, in seiner uns so liebgewordenen Gestalt. Nicht größer als ich.

„Sieh nur, Flori!" Ich schaue in die angedeutete Richtung und sehe Opa und Oma mit einem Mann und einer Frau in ein angeregtes Gespräch vertieft. „Das sind deine Urgroßeltern!", stellt Flu sie vor.

Richtig. Opa hat sich eine Begegnung mit seinen Eltern gewünscht. Aber die müssten doch uralt sein. Doch sie sehen unwahrscheinlich jung aus. So ganz verstehe ich die Zusammenhänge nicht. Wie ist so etwas möglich. Wenn die Menschen im Jenseits so glücklich sind und ihre Jugend zurückerhalten, dann begreife ich nicht, warum so viel geweint wird, wenn einer von uns in diese Welt wechselt? Es ist so friedlich da. Opa scheint überglücklich. Ich kann dies nicht nur sehen, sondern auch fühlen.

Dann werde ich von einem Schatten über mir abgelenkt. Ich schaue nach oben und sehe meine kleine Oma quietschvergnügt auf einer schneeweißen Wolke sitzen, die am hellblauen Himmel dahin segelt. Großmama trägt ein rosa Kleid, das im Wind flattert. Auch sie ist jung. Und doch weiß ich. Es ist meine Omi! Auf dem Kopf trägt sie einen Blütenkranz und ihre langen schwarzen Haare wehen im Wind. Ich bin mir sicher: Omi ist glücklich und Opa ist es auch. Und doch wünsche ich mir die beiden zusammen und nicht getrennt.

Ich habe ganz vergessen, dass sich auf dieser Ebene die Gedanken sofort verwirklichen. Deshalb staune ich nicht wenig, als ich gleich darauf meine schöne Omi neben einem jugendlichen Opa entdecke. „Ein schönes Paar!" Flu lacht und es klingt so ansteckend. Dann entschwindet das Bild und wir alle befinden uns wieder auf der Frühlingswiese.

Cri klammert sich an seinen Engel.

„Ich möchte immer bei dir bleiben", höre ich ihn sagen.

Vielleicht denkt er es aber auch nur, und ich kann plötzlich Gedanken lesen!

„Wir sind immer zusammen, auch auf der Erde", antwortet der Engel. „Wichtig ist, dass du dich ständig daran erinnerst, wie lieb ich dich habe!"

Plötzlich ist auch der Engel unsichtbar. Cri macht ein total enttäuschtes Gesicht. Ehe wir uns versehen, befinden wir uns in Omis Blumengarten. Wir tragen wieder unsere gewohnten Kleider und sehen aus wie vor diesen Erlebnissen. Das stimmt mich traurig. Warum ist das so? Weshalb können die Menschen nicht für immer jung und schön sein? Ich nehme mir vor, falls ich mich einmal für den Beruf eines Forschers entschließe, nicht aufzugeben, bis ich dahinter gekommen bin.

Wieder einmal hat Mutti ihren Besuch angesagt. Großpapa trommelt uns alle zusammen und wir beschließen, Mutti mit unseren Erlebnissen nicht zu überfordern. Omi hebt den Zeigefinger und warnt ihren vorlauten Enkel Cri:

„Wenn du dich heute wieder verplapperst, soll dich Mutti mit nach Hause nehmen. Dann ist es vorbei mit Schwimmen und Sandburgen bauen. Also denke daran, du Plappermaul!"

Als wir bei Kaffee, Kakao und Kuchen in der Küche gemütlich beisammen sitzen, erzählt Mutti von ihrer Arbeit und den Gästen. Auch erwähnt sie Vati, der, der immer mehr arbeitet und kaum noch nach Hause kommt. Wenn Mutti in letzter Zeit von Vati spricht, sieht sie dabei immer ziemlich zerknirscht aus.

„Irgend etwa stimmt nicht mit unserem Sohn!", sagt Omi. So red schon, Magdalena!" Aber unsere Mutti rückt mit der Wahrheit nicht heraus.

Cri fühlt sich durch solche Gespräche vernachlässigt und platzt heraus:

„Mutti, ich war im Himmel und habe meinen Schutzengel gesehen!"

„Hör auf, Cri!", schimpft Opa und kneift ihn ins Ohr.

„Lass ihn träumen und ein wenig angeben", lacht Mutti.

„Komm her zu mir, Kleiner, damit ich dich wieder einmal richtig drücken kann."

Das lässt sich Cri nicht zweimal sagen. Flink wie ein Eichkätzchen springt er auf und klettert auf Muttis Schoß.

„Erzähl schon, du hast also deinen Schutzengel gesehen?"

„Ja, ja!“, flüstert Cri. Aber Omi sagt, ich darf es dir nicht erzählen.“ Und dann plaudert Cri munter weiter: „Da waren auch viele Kinder; Mutti! Der Engel hat mich an der Hand genommen und wir sind geflogen, weit, weit in den Himmel hinein. Es war so schön!“

Mutti tut sehr überrascht, um Cri eine Freude zu machen. Ich glaube, wir haben nichts mehr zu befürchten.

Was Cri auch erzählt, Mutti nimmt es als kindliche Fantasie. Opa und Oma atmen erleichtert auf.

„Was sich so ein kleiner Kerl alles zusammen träumt“, schmunzelt Opa.

Aber Cri gibt noch immer keine Ruhe. Jetzt plappert er über Joanna und Crysanth.

„Wo nimmt das Kind nur diese sonderbaren Namen her? Die kann er sich doch nicht selber ausdenken!“

„Opa liest ihm doch ständig Märchen und Legenden vor. Du hast keine Ahnung, welch eigenartige Namen sich darinnen tummeln“, versucht Omi die Situation zu retten.

Mutti gibt sich zufrieden. Eigentlich schade, dass wir sie nicht in unsere Geheimnisse einweihen können. Hoffentlich später einmal. Vielleicht auch Vati. Er hat uns in der Arche diesmal noch nie besucht. Irgendwie wirkt Mutti nachdenklich.

Dann fragt sie mich:

„Und wie war dein Ausflug?"

Aber schlau wie ich bin, spiele ich Theater.

„Wunderbar, möchtest du einmal mitfliegen, auf einem Elefanten reiten? Du brauchst es dir nur zu wünschen. Wir üben uns in einem Wunschspiel, besonders wenn es regnet, da können wir nicht zum Bach."

Opa kommt mir zu Hilfe.

„Ich habe einen neuen Auftrag", verkündet er. „Eine Madonna mit Kind! Ich freue mich auf die Arbeit. Morgen früh geht' s los."

Aber Cri ist noch immer nicht zu bremsen. Ehe Mutti auf Opas Ankündigung reagieren kann, beginnt mein Bruder, wie ein Kobold herumzuhüpfen. Er führt Mutti vor, wie wir immer wieder im Schlamm ausgerutscht sind und wie ich und er auf die Omi draufgefallen sind. Dabei kreischt er vor Vergnügen.

„Du bist ja ein kleiner Schauspieler", lacht Mutti. „Aber jetzt ist es genug! Keine Hirngespinste mehr."

Sie schnappt sich ihren Sohn, zieht ihn an sich und tippt ihm auf die Stirn. „Und einen kleinen Vogel hast du auch! Piep, piep, piep!"

Unsere Großeltern sind sichtlich erleichtert. Ich natürlich auch. Schließlich stehen unsere Ferien auf dem Spiel.

„Ich wäre noch gerne geblieben", sagt Mutti und erhebt sich. „Aber ihr wisst ja. Die Gäste! Ich komme bald wieder. Schließlich bin ich auf weitere Räubergeschichten neugierig. Bis zum nächsten Mal, mein kleines Plappermäulchen. Träum also ruhig weiter."

Das galt Cri. Auf mich kann man solche Ausdrücke nicht mehr anwenden. Da stehe ich darüber.

„Ich träume doch nicht!" Cri umklammert Muttis Knie. Das haben wir alles erlebt. Opa, Omi, Flori, ich und Flu. Stimmt' s Opa?"

„Aber ja, du kleiner Held!"

Wir begleiten Mutti zum Auto. „Komm gut heim, Magdalena!", wünscht Opa.

„Grüß Hans von uns", fügt Omi hinzu. „Er könnte seine Söhne auch einmal besuchen. Hat er denn gar keine Sehnsucht nach ihnen?"

„Das muss er selbst entscheiden", sagt Mutti und es klingt hastig und traurig.

Dann schwingt sie sich ins Auto und fahrt winkend ab.

„Irgend etwas stimmt nicht mit unserem Sohn", meint Omi kopfschüttelnd. „Aber Magdalena redet nicht darüber."

Als wir wieder alle in der Küche sind, fragt Cri:

„Was ist? Warum schaut ihr mich alle so komisch an?"

„Du hast uns wieder einmal verraten!", herrscht ihn Opa na.

„Ich?", fragt Cri und tut völlig unschuldig.

Ist er wirklich so doof oder so schlau und er hält uns alle zum Besten! Ich nehme mir vor, das herauszufinden, denn so klug wie der Kleine bin ich schon lange. Doch noch ehe ich Cri zu bombardieren beginne, erscheint Flu.

„Einen wunderschönen Tag, ihr lieben Leute! Du hast Fragen an mich, Opa Wolke. Dann rede!"

Omi macht ein erstauntes Gesicht.

„Seit wann hast du Geheimnisse vor mir, Willi", fragt sie enttäuscht.

„Was heißt Geheimnisse. Ich bin ganz einfach noch nicht zum Reden gekommen, weil, ja weil..."

Omi schnappt nach Luft. „Weil du jetzt reden wirst! Wir hören."

„Flu, es gibt da ein junges und sehr liebes Mädchen. Anna Hohen! Vielleicht ein wenig schüchtern."

„Du weißt, dann brauche ich dir nichts weiter zu erzählen."

„Tue es trotzdem. Du siehst doch, wie gespannt deine Erni ist."

„Wir kennen Anna Hohen und haben sie gern. Sie ist in Julian verliebt. Und das schon lange. Der ist aber auch kein Draufgänger. Die zwei kommen nie zusammen , wenn wir nichts unternehmen."

„Die beiden sind füreinander bestimmt. Deshalb bin ich bereit, sie zu unterstützen. Mit eurer Hilfe."

Ich fühle ein neues Abenteuer auf uns zukommen und hätte jauchzen mögen. Aber ich habe inzwischen gelernt, mich zu beherrschen.

„Julian", kichert Omi, „ist ein Traumichnicht. Wir alle wissen, dass er in Anna himmelhoch verliebt ist. Und umgekehrt. Und keiner wagt es dem anderen zu sagen. Und das heutzutage. Ist doch nicht zu fassen!"

„Ich kenne Julian seit seiner Kindheit", fährt Opa fort. In seiner Freizeit schnitzt er. Daher sind wir uns näher gekommen. Er besucht mich ab und zu in meiner Werkstatt und vertraut mir manches an.

Anna kommt zu meiner Frau. Da geht es ums Nähen und Stricken."

„Also gut", sagt Flu. „Opa Wolke du lädst Julian ein und du, Oma Wolke kümmerst dich um Anna. Aber die zwei dürfen von der Einladung des anderen nichts wissen."

„Das lässt sich machen", freut sich Opa. „Ich habe einen Christopherus geschnitzt, den hat er noch nicht gesehen. Er kommt bestimmt."

Flu lacht. Sein Lachen ist ansteckend. Bald lachen wir alle mit, obwohl wir eigentlich gar nicht wissen, weshalb. Außer Opa, wie es scheint.

„Du bist mir schon einer, Opa Wolke. Waaas hast du geschnitzt?", fragt Flu.

„Ich lüge sonst nie oder ziemlich selten. Wenn es sich gar nicht umgehen lässt, so wie jetzt."

„Für eine Lüge besteht niemals eine Notwendigkeit oder sagen wir, höchst selten. Also heraus mit der Wahrheit, Opa Wolke!"

„Ich habe – einen – Flu geschnitzt! Ich möchte nicht, dass wir jemals vergessen, wie du ausgesehen hast. Nur für den Fall, dass du uns verlässt. Bitte, sei mir nicht böse. Ich wusste nicht, ob es dir recht ist."

„Es ist ein Meisterwerk, Opa Wolke! Und ich freue mich darüber!"

„Wirklich? Aber du hast die Skulptur noch gar nicht gesehen?!"

„Typisch Mann", mischt sich Omi ein. „Flu sieht und weiß alles. Ich habe das schon lange begriffen."

„Oooh, ooh!", staunt Großpapa.

„Während des Schuljahres werde ich mich nur zeigen, wenn ich es als notwendig erachte. Es kommt auch auf den Lernerfolg an. Jeder von uns hat eine Aufgabe, die es zu bewältigen gilt. Das ist auch so in der Natur. Beobachte eine Ameise, eine Amselmutter, einen Baum, eine Blume. Was auch immer."

„Trotzdem macht es mich traurig, wenn ich dich so lange nicht sehen darf. Das kannst du nicht machen, Flu!", flehe ich ihn an. „Du bist doch mein bester Freund."

„Das bleibe ich auch, Flori. Du kannst dich darauf verlassen. Nächstes Jahr gibt es wieder Ferien, dazwischen Weihnachten, Ostern, Pfingsten."

Diesmal vermag mich Flu kaum zu trösten. Aber nicht nur mich. Auch Omi ist dem Weinen nahe.

„Bei uns kehrt zwar der Alltag wieder ein. Aber ohne dich, Flu, kann ich mir das gar nicht mehr vorstellen. Du gehörst doch zur Familie. Ohne dich werden wir uns verlassen fühlen, traurig sein und sehnsüchtig auf die nächsten Ferien warten. Stellst du dir so unser Leben vor, nachdem es durch dich so reich geworden ist?"

„Sobald euch der Alltag gefangen nimmt, ihr euch müde und enttäuscht fühlt, energielos, vielleicht auch unsicher, weil euch beide das sogenannte Alter zu umarmen beginnt, dann schlagt dem ein Schnippchen." „Kannst du mir auch das Wie verraten?"

„Lege Musik auf, Omi Wolke, nimm deinen Willi und tanze so lange mit ihm, bis ein Glücksgefühl in dir hochsteigt."

Omi ist sichtbar enttäuscht.

„Taaaanzen?! Ist das alles? In meinem Alter?"

„Es gibt kein Alter", antwortet Flu. „Du denkst dich alt. Die letzten Jahre hast du das intensiv getan. Gib es zu und gib es auf!"

„Ja, ja. Aber das Altwerden ist nun mal eine Tatsache. So etwas kann man doch nicht aufgeben?!"

„Aber nur, weil du es so siehst und felsenfest daran glaubst. Du hast unzählige Gedanken daran verschwendet und dich gequält. Hättest du dich statt dessen mit Freude,

Jugend und den schönen Dingen beschäftigt, die es rund um dich herum in Fülle gibt, wären deine Falten weniger oder gar verschwunden. Es wird eine Zeit kommen, da werden es die Menschen fertig bringen, ihre Körper nicht nur zu verjüngen und gesund zu erhalten, sondern sie auch vollkommen zu erneuern. Und das beginnt mit guten, lichtvollen Gedanken. Es ist ganz einfach. Ihr müsst es nur tun."

„Aber du kannst dir alles herzaubern. Du brauchst dich nicht anzustrengen."

„Ich habe diese Arbeit hinter mir, Omi Wolke! Heute beherrsche ich die Elemente und alles was dazu gehört. Das muss sich jeder selbst erarbeiten. Es gab einmal eine Zeit, da wurden die Menschen ururalt. Sie haben es verstanden, mit dem Licht zu arbeiten. Die Lehre vom Licht ist so alt wie die Menschheit. Ihr müsst euch nur wieder damit befassen. Atmet das Licht der Sonne. Das allein macht unendlich froh und hilft, jedes Übel zu überwinden."

„Da ist was dran!", staunt Opa und seine Augen leuchten. Ich bin überzeugt, dass der Schöpfer nur unendliche Schönheit sein kann! Und dass sich diese Strahlkraft nicht nur in der Natur, sondern auch im Menschen auszudrücken vermag, wenn er es zulässt. Wenn wir nun tatsächlich Kinder des Höchsten sind, können Krankheit, Schmerz und Verfall, ja nicht einmal der Tod gottgewollt sein. Habe ich recht, Flu?"

„Das war geradezu eine Erleuchtung, Opa Wolke! Also halte dich daran und reiß deine Erni mit. Mal sehen, wie ich euch vorfinde, wenn ich wiederkomme!"

Uns Kinder langweilt dieses Gespräch über das Altsein. Wir haben keine Ahnung, wie es sich anfühlt. Wir sind noch so jung. Omi behauptet zwar immer, dass das Leben so schnell vorüber geht wie ein Peitschenknall. Da blicke ich nicht durch. Cri kann sich darunter schon gar nichts vorstellen. Omi reißt mich aus meinen Grübeleien.

„Die Mücken!", ruft sie. „Du hast recht, Flu, die Freudentänze der Mückenschwärme!"

„Die Natur ist eben eine wunderbare Lehrmeisterin", freut sich Flu über Omis Einsicht.

Dazu fällt auch mir etwas ein. „Weißt du noch, Omi, als wir beide am letzten Weihnachtstag am Fenster standen und den tanzenden Schneeflocken zusahen? Durch das Zusehen allein kam Freude auf."

„Wie recht du hast, Flori!"

„Das ist aber ein seltsames Geschöpf, Willi", staunt Julian, als ihm Opa seinen geschnitzten Flu zeigt.

„Wer soll das sein? Die Menschen werden immer verrückter."

„Meinst du damit mich, Julian?", tut Opa ein wenig beleidigt.

Julian ist verlegen. „Naja, diese Figur ist zwar ein Meisterwerk aber ich habe noch keinen gesehen, der so aussieht. Irgendwie habe ich den Eindruck, diese Gestalt fängt über kurz oder lang zu reden an."

„Dein Eindruck ist richtig!", hören die beiden Männer eine Stimme. Julian wirbelt herum.

„Hast du mich erschreckt, Willi! Seit wann kannst du Bauchreden?"

„Kann ich doch gar nicht."

„Kann er nicht!", war da wieder diese sonderbare Stimme.

„Jetzt hör aber auf damit, Willi!"

„Ehrenwort, das bin ich nicht, Julian!"

„Das alles hier ist unheimlich. Lass uns gehen, Willi. Oder bilde ich mir das alles bloß ein?"

„Vielleicht", lacht Opa, „vielleicht aber auch nicht. Komm, Julian, wir gehen in die Küche. Erni hat einen Imbiss gerichtet. Du warst schon lange nicht mehr bei uns.

„Die viele Arbeit, du weißt ja, Willi!“

„Deshalb nehmen wir uns jetzt Zeit füreinander.“

Als wir endlich bei Tisch sitzen und Opa und Julian über ihr gemeinsames Hobby diskutieren, halte ich es vor Spannung kaum noch aus. Wo bleibt Flus Versprechen?

Julian lobt Omis Kochkunst, obwohl sie nur belegte Brote auf den Tisch gestellt hat. Er ist noch immer verwirrt. Zum einen wegen der sonderbaren Stimme in der Werkstatt, zum anderen, weil er Opa etwas anvertrauen möchte.

„Weißt du, Willi, es ist so“, drückt er herum, „ich soll daheim den Forstbetrieb übernehmen. Alt genug bin ich ja.“

„Und wo liegt das Problem, Julian?”

„Zu Hause gibt es nur noch ein Thema. Ehe es dazu kommt, muss ich eine tüchtige Frau ins Haus bringen.“

„Da hat dein Vater ja recht. Man heiratet zwar nicht, um den Betrieb bedenkenlos fortführen zu können, sondern aus Liebe. Du musst ein Mädchen lieb haben, Julian! Nichts anderes zählt. Außerdem bist du ein gutaussehender, anständiger und gutsituierter junger Mann, wo also liegt die Schwierigkeit?“

Julian ist verlegen. „Es gibt ein Mädchen, das ich schon lange lieb habe. Aber ich bin einfach zu schüchtern, um ihr das zu sagen. Wenn ich aber die nicht kriege, will ich gar keine."

„Dann frag sie doch endlich!", fordert ihn Oma auf. „Es ist Anna Hohen, nicht wahr?"

„Du hast recht, Erni. Manchmal denke ich, dass ich den frühen Tod meiner Mutter noch immer nicht überwunden habe. Wir hatten eine sehr enge Beziehung. Manchmal verstehe ich mich selbst nicht."

„Aber irgendwann musst du auch damit fertig werden, Julian. Geh und frag Anna, dann weißt du endlich Bescheid."

„Und wenn sie mich ablehnt? Ich würde das niemals verkraften. Da bleibe ich lieber allein."

Cri sieht wieder einmal aus wie ein richtiger Kobold. Flu hat Opa versprochen, Julian zu helfen. Vielleicht durch Cri? Ich bin gespannt, was weiter geschehen wird. Mein kleiner Bruder stellt sich jetzt vor Julian.

„Ich", sagt er, „bin jetzt Anna."

„Red keinen Blödsinn, du Zwerg! Du bist der kleine Christoph!"

„Jetzt bin ich Anna!!", wiederholt Cri mit Überzeugung, die keinen Widerspruch duldet.

„Du sagst mir wie schön ich bin und wie lieb du mich hast!“

Julian ist verwirrt. Er lacht.

„Ich bin zwar schüchtern aber nicht blöd. Hör auf mit dem Unsinn!“

„Wir üben doch bloß, Julian, falls du Anna begegnest. Und du ihr endlich sagen kannst, wie lieb du sie hast und sie obendrein auch noch heiraten willst.“

Julian ist verwirrt und unglaublich nervös. „Wer redet denn da aus dir, Kleiner? Das bist doch nicht du!”

„Also wirklich“, mischt sich Omi ein. „Hätte sich Adam und Eva im Paradies auch so doof angestellt, wären wir wohl alle nicht auf dieser Erde.“

„So sag endlich, dass du mich heiraten willst!“

„Dich?!“

„Ich bin es, deine Anna!”, sagt Cri.

„Red endlich, Julian! Sonst geschieht noch ein Unglück!“, fordert ihn Omi auf.

„Wieso denn das? Aber es stimmt ja! Ich möchte Anna vom Fleck weg heiraten!“, platzt er endlich heraus.

Plötzlich steht Anna leibhaftig in der Tür und ist nicht weniger überrascht als Julian.

„Ich habe geklopft“, sagt sie verlegen.

Und Julian ist jetzt krebsrot im Gesicht vor Aufregung.

„Was habe ich da von dir gehört? Und du hast tatsächlich mich gemeint?“

„So eine Überraschung“, versucht Opa die Verlegenheit der beiden abzuschwächen.

„Ich habe Anna eingeladen“, mischt sich Omi ein, „damit wir wieder einmal Kochrezepte austauschen können. Aber es muss ja nicht heute sein. So ein Zufall, dieses Zusammentreffen, nicht wahr?“

Ich wusste gar nicht, dass Omi so gut schwindeln kann. Anna reicht uns allen die Hand. Julian hat sich noch immer nicht gefangen. Er tut mir beinahe leid. Wie kann ein ausgewachsener Mann so feige sein!?

„Ich wechsle jetzt die Rolle!”, verkündet Cri mit einer Stimme, die ihm gar nicht zu gehören schien. „Ich spiele jetzt Julian. Sieh ihn dir an, der ist im Augenblick gar nicht fähig, seinen Antrag zu wiederholen. Verstehst du, Anna?”

Anna verstand. „Ach“, ruft sie und streckt die Arme aus, „mein lieber, lieber Julian! Möchtest du mich heiraten? Hast du all die Jahre nicht gemerkt, wie verliebt ich in dich war und es noch immer bin? Ich warte doch schon so lange auf deinen Antrag."

Anna reißt Cri an sich und herzt und küsst ihn. Wir alle sind total überrascht.

„Dieser Fluuuu!!" Opa lacht.

Endlich kommt Julian zu sich. Er springt auf, wie von einer Tarantel gestochen und befreit Cri von Anna, den sie noch immer an sich drückt.

„Sag mir, dass es kein Traum ist, Anna! Ich wünsche mir nichts sehnlicher, als mein Leben mit dir zu teilen. Anna, Anna, Anna, willst du mich tatsächlich heiraten?!"

„Und ob ich das will!"

Endlich liegen sie sich in den Armen.

„Gut gemacht, mein Kleiner!", lobt da eine Stimme, die wir alle so gut kennen.

Bald darauf verlässt ein überaus glückliches Paar unsere Arche.

Es ist ein besonders heißer Sommertag. Wir flüchten in Omis Gartenlaube. Sie serviert gekühlte Fruchtgetränke und ihren köstlichen Apfelstrudel. Eine echt österreichische Spezialität. Manchmal bäckt sie eine ganze Menge davon für Muttis Frühstückspension. Unsere deutschen Gäste verdrücken ihn immer bis zum letzten Krümel. Als wir so gemütlich beisammen sitzen, erscheint Flu.

„Nimm dir doch auch ein Stück", fordert ihn Omi auf. „So etwas Köstliches gibt es nicht einmal in deinem Weltenall oder wie immer man das nennt, wo du herkommst."

Flu lacht herzlich. „Schmeckt köstlich!", lobt er. „Aber ich bin gekommen, weil du etwas auf dem Herzen hast, Omi Wolke."

„Ich habe die letzten Tage viel darüber nachgedacht, was du uns alles anvertraut und gesagt hast. Du erwähntest immer wieder den gütigen Allvater, der niemals Leid schickt. Aber wo, mein lieber Flu, ist er? Was ist das für ein Vater, der sich nie zeigt, sich nie mit seinen Kindern unterhält, Unglück nicht von ihnen fern hält und so weiter?! Sogar ein irdischer Vater würde alles Ungute von seinen Kindern fernhalten."

„Von dieser Warte aus gesehen, hast du recht, Omi Wolke. Ich freue mich, dass du über meine Worte nachgedacht hast."

„Sieh dich doch um, Flu!" Omi ist so richtig in Fahrt. „Misshandelte Kinder, Tierleid ohne Ende! Hunger, Kälte, Trauer, Katastrophen aller Art. So viele Menschen haben kein Dach mehr über dem Kopf. Hast du eine Ahnung, wie die sich fühlen? Wo also ist dieser allliebende Vatergott?! Die gesamte Schöpfung leidet. Verunreinigtes Wasser, stinkende Luft, verseuchte Erde, Zeckenplage und Epidemien..."

„Diese Erde", beginnt Flu, „und alles was zu ihr gehört ist vollkommen aus der Hand des Schöpfers hervorgegangen. Das heißt aber nicht, dass die Entwicklung einen Stillstand erreicht hat. Das Elend jedoch auf diesem blauen Planeten haben sich allein die Menschen in ihrem Unverstand selbst geschaffen. Sie haben gesät und müssen die Ernte einbringen."

„Aber es gibt doch auch viele gute Menschen. Solche, die Sehnsucht nach dem Vater allen Lebens haben. Ich gehöre auch dazu. Aber wo ist er? Das ist alles so unbegreiflich. Warum gibt er sich seinen Kindern nicht zu erkennen. Ein guter Vater tut so etwas nicht! Meinst du nicht auch, Flu?!"

„Überleg doch einmal, Omi Wolke. Der Ewige zeigt sich auf tausenderlei Art. ER ist das Leben! Alles Leben! ER tritt dir in allem Sichtbaren entgegen. Auch im Duft einer Rose, in der wundervollen Stille des Waldes, in jedem Tier, in uns allen! ER beweist seine Anwesenheit in abertausend kleinen und großen Liebesbeweisen. Sieh dich um in der Natur! Beobachte die Schönheit eines Schmetterlings. Denk an die Hummel, die du so gerne hast. Du brauchst dich doch nur umzusehen. Die ganze Natur erzählt vom Geist des Lebens, der Schönheit und der Liebe!"

„O mein lieber kleiner Flu! So habe ich das noch nie gesehen! Du bist wahrhaftig ein Segen für uns!"

Auch Opa scheint von diesem Gespräch sehr berührt. „Dem Ewigen begegnen", sagt er mit sanfter Stimme, im glitzern des Tautropfens, im Duft des Veilchens, im Gesang der Vögel, in der Stille des Waldes. Das ist eine Liste, die kein Ende hat."

Ganz ungewohnt mischt sich mein kleiner Bruder in ein ernstes Gespräch ein.

„Aber der Schmetterling und die Rose können nicht reden. Und wenn der Winter kommt, sind sie nicht mehr da. Wenn ich aber jemand lieb habe, möchte ich immer bei ihm sein."

„Der Kleine hat recht", behauptet Omi. „Ein Vater, der die Welt erschaffen hat, kann sie doch nicht allein lassen."

„Das tut er auch nicht, Omi Wolke. Leben ist unsterblich, ewig. Die Rose wechselt das Kleid, der Schmetterling ebenfalls. Im Frühling erstrahlt alles im neuen Glanz."

„Wenn die Hummel brummt, redet sie dann?", will Cri wissen.

„Aber natürlich, aber die meisten Menschen können sie nicht verstehen. Jedes erschaffene Ding hat uns etwas zu sagen. Wir sollten hinhören."

„Sind wir denn total blind durchs Leben gegangen?", wettert Omi. „Wir haben zwar den Duft der Blumen wahrgenommen und uns am Gesang der Vögel erfreut. Jetzt erst wird mir klar, dass alles Schöne in der Natur Liebesbeweise des Ewigen Vaters sein könnten! So alt musste ich werden, um zumindest einiges zu begreifen! Das macht mich traurig, Flu."

„Jeder von euch sehnt sich nach dem Frühling, der viel Licht und drängendes Leben mit sich bringt. Ihr genießt auch immer wieder die wunderbaren Farben des flammenden Herbstes. Und schließlich auch die Stille des Winters und seine weiße Pracht. Es ist nie zu spät, etwas zu begreifen, Omi Wolke. Der liebende Allvater ist ewig gegenwärtig und macht sich auf tausenderlei Art bemerkbar, verborgen in Düften, Farben und Tönen. Es hat dich doch immer glücklich gemacht, nur war dir der Spender nicht bewusst."

„Mag sein, Flu, aber ich denke, tief in meinem Innern wusste ich es."

Das Gespräch setzt sich noch lange fort. Für uns alle entsteht eine neue Welt voller Zauber. Trotz allem.

An diesem Abend, als Cri schon schnarcht, liege ich noch wach im Bett. Die Tür ins Wohnzimmer ist etwas offen und ich höre, wie sich unsere Großeltern miteinander unterhalten. Sie sprechen über Flu und die vielen Erfahrungen der letzen Wochen.

„Das Leben unserer Enkel wird durch die Freundschaft mit Flu sehr profitieren. Es wird kein stumpfes, alltägliches Leben sein!", höre ich Opa sagen.

Irgendwann bin ich dann wohl eingeschlafen.

Die folgenden Tage leben wir bewusster, wie sich Opa ausdrückt. Überall erleben wir die Aufmerksamkeiten des Weltenschöpfers. Das erfüllt unsere Herzen mit Freude. Cri übertreibt wieder einmal gewaltig. Er kommt mit einem halben Regenwurm daher und will wissen, wieso das passieren kann, da der Wurm ein nützliches Tier ist.

Nicht einmal Opa weiß eine Antwort. Also rufen wir nach Flu. Er erscheint augenblicklich. Cri hält ihm den Wurm unter die Nase.

„Die Menschen haben sich das Paradies noch nicht zurückerobert", erklärt Flu, „sonst könnte so etwas nicht geschehen."

Dann streicht er liebevoll über das verletzte Tierchen und sofort ist es wieder ganz. Cri ist total aus dem Häuschen, läuft mit dem Wurm in der Hand in den Garten und setzt ihn auf die weiche Erde. Sofort beginnt er sich hineinzuarbeiten.

Gleich darauf kommt Cri mit einer Taubenfeder. und besteht darauf, das Tier ausfindig zu machen, welches zu dieser Feder gehört.

„Man kann alles übertreiben", meckert Omi. „Tiere wechseln zu gegebener Zeit ihren Pelz oder ihre Federn. Das ist ganz normal. Schlangen heuten sich. Die Natur hat das so eingerichtet. Es macht den Tieren nichts aus. Sie empfinden dabei keinerlei Schmerz. Deshalb brauchst du die Taube, der diese Feder gehörte, nicht zu suchen, Cri.

Sie hat längst ein neues Federkleid. Diese Feder ist wahrscheinlich wochenlang im Regen und Schmutz gelegen. Meinst du der Vogel möchte sie wieder haben?"

Cri sieht das ein und wirft die Feder weg.

An diesem Nachmittag halten wir uns alle auf der Wiese vor unserer Arche auf. Plötzlich beginnt Cri zu schreien. Eine Biene hat ihn gestochen. Omi zieht den Stachel aus seinem Oberarm. Cri beruhigt sich schnell wieder. Er ist nicht mehr so empfindlich wie am Beginn der Ferien. Manchmal habe ich ihn richtig gern. Flu hat ihn verändert. Uns alle.

„Du hast durch dein Herumfuchteln der Biene Angst gemacht, Cri", erklärt Oma das Missgeschick. Kennt ihr den Unterschied zwischen einer Biene und einer Fliege?" Omi gibt auch gleich selbst die Antwort: „Die Fliege ernährt sich von Unrat, liebt aber auch Köstlichkeiten. Die Biene jedoch hält sich nur an den reinen Nektar. Die Fliege wird es auf der neuen Erde nicht mehr geben. Die Bienen schon. Aber sie werden nicht mehr stechen, denn alle Ängste sind ausgelöscht."

Ich habe aufmerksam zugehört. „Fliegen können schon sehr lästig sein. Aber sie leben bestimmt auch gern. Schließlich können sie nichts dafür, dass sie keine Schmetterlinge sind. Ist das nicht ein bisschen ungerecht? Was sagst du, Flu?"

„Aber nein, mein Freund“, antwortet Flu. „Leben ist Energie, auch das der Fliege. Energie geht nie verloren. Also wird sich diese Fliegenenergie einen anderen Körper suchen. Bist du nun zufrieden?“

„Noch hat auch unser Leben eine helle und dunkle Seite“, mischt sich jetzt Opa in das Gespräch. „Wenn Florian zu faul ist, um Sunbeam frisches Wasser zu geben, handelt seine dunkle Seite. Er fühlt sich nicht sonderlich wohl dabei. Das geschieht erst wieder, wenn er seine Pflicht erfüllt hat.“

„Wenn ich heimlich von Omis Apfelstrudel nasche, straft mich dann der Himmelvater?“, fragt Cri mit einem scheuen Seitenblick auf Omi.

Flu ist sichtbar froh über diese Frage.

„Der Ewige Vater straft nie. Sein Wesen ist Liebe, Freude, Schönheit. Du strafst dich selbst.“

„Nein, Flu! So dumm bin ich wirklich nicht.“

„Aber du hast doch Angst, dass dich Omi überrascht und du das fehlende Stück Apfelstrudel nicht auf Flori oder Sunbeam schieben kannst.“

„O ja!“, gibt Cri zu. „Das stimmt. Und ich fühle mich nicht gut dabei.“

„Siehst du, genau das ist die Strafe. Angst zu haben ist etwas Unschönes, Quälendes. Meinst du nicht auch?"

„Ich werde keinen Kuchen mehr stehlen, Flu", beteuert Cri.

Eine sonnige Ferienwoche liegt wieder einmal hinter uns. Aber heute hat es angefangen zu regnen. Ich stehe am Fenster und entdecke die ersten gelben Blätter an Bäumen und Sträuchern. Der Herbst mit seinen bunten Farben ist wunderschön. Ich würde sogar die Stürme genießen, die während dieser Jahreszeit wüten. Was mich stört: Der Herbst kündigt das Ende der Ferien an! Und noch etwas macht mir zu schaffen.

Wenn wir Mutti fragen, warum uns Vati nie in der Arche besucht hat, weicht sie aus. Irgend etwas stimmt nicht mit ihm. Ich werde der Sache nachgehen. Also suche ich mir ein ruhiges Plätzchen, wo mich Cri nicht so schnell findet. Dann rufe ich nach Flu. Er erscheint sofort.

„Flu, ich habe unsere Großeltern belauscht. Etwas stimmt mit Vati nicht. Mutti ist sehr traurig. Auch wenn sie es vor uns Kindern zu verbergen sucht. Aber keiner sagt uns was los ist. Kannst du mir helfen?"

„Da hast du sie wieder", antwortet Flu, „die dunkle Seite im Leben. Sie will erlöst sein, wie alles Leidvolle auf Erden. Wir werden eurem Vati helfen. Aber er muss dazu bereit sein. Verstehst du das, Flori?"

„Nicht ganz, aber du hast sicher recht. Ich vertraue dir vollkommen. Danke, Flu!"

„Ich werde versuchen, es dir zu erklären. Dein Vater muss lernen, sich helfen zu lassen, um sich dann selbst helfen zu können. Wir können ihm Hinweise geben, ihn unterstützen. Nur so überwindet er die dunkle Seite. Du wirst das später viel besser verstehen, Flori."

„Trotzdem möchte ich Vati rasch helfen, damit wir wieder eine glückliche Familie werden."

„Das werden wir. Aber dein Vater muss das Seine dazu beitragen. Erst dann wird es wieder hell um ihn. Geh jetzt nach Hause, nimm deinen kleinen Bruder und geht hinunter zum Teich. Wasser wirkt beruhigend. Ich werde euch sagen, was zu tun ist. Auch wenn ihr noch nicht alles versteht. Vertraut mir einfach!"

Ich sause los und hole Cri. Wir sitzen lange am Teichufer und lauschen Flus Worten.

„Hast du mich lieb, Flu?", fragt Cri plötzlich völlig unzusammenhängend."

„Keine Frage!"

Cri springt auf und schlingt die Arme um seinen so liebgewonnenen Freund. Liebevoll drückt ihn Flu an sich und zieht auch mich in seine Umarmung. Es ist ein unbeschreibliches Glücksgefühl, das wir wohl nie vergessen werden.

„Ich werde euch einen Traum schicken", sagt Flu, als wir uns wieder aus seiner Umarmung lösen. „Ihr werdet dann noch besser verstehen, wie eurem Vater geholfen werden kann. Aber auch ihr müsst begreifen, dass er sich vor allem selbst helfen muss und zwar, indem er anderen hilft. Ist er dazu nicht bereit, können auch wir nichts weiter für ihn tun."

Gleich darauf ist Flu unsichtbar. Omi ruft zum Essen. Cri und ich machen uns auf den Weg zur Arche.

„Wenn du jetzt wieder plapperst", sage ich zu meinem kleinen Bruder, „ist alles umsonst."

Cri verspricht, diesmal wirklich den Mund zu halten. Auch er will unbedingt seinen Vati wieder zurückhaben.

Opa sitzt bereits bei Tisch. Aufmerksam beobachtet er uns.

„Wir waren am Teich", sage ich. Cri schlüpft aus Hemd und Hose.

„Was machst du denn da?", staunt Omi.

„Ich will trääääumen!"

„Dazu ist die Nacht da. Zieh dich sofort wieder an!"

Cri gehorcht ohne Widerrede. Das kommt daher, weil er Omis Früchtebecher auf der Anrichte entdeckt hat.

Den Nachmittag verbringen Cri und ich am Bach. Wir suchen lange nach der dicken Krötenmama, für die wir ein wunderschönes und bequemes Heim errichtet haben. Aber das undankbare Geschöpf bleibt verschwunden.

Das Abendessen verläuft ohne Zwischenfälle und ohne unnötige Fragen. Dann steckt uns Omi in die Badewanne. Als wir im Bett liegen, kommt Opa und erzählt uns eine selbst erfundene Tiergeschichte. Aber wir sind diesmal gar nicht bei der Sache, weil wir auf Flus Traum warten.

Als ich am Morgen von der Sonne geweckt werde, erinnere ich mich sofort an meinen Traum. Beim Frühstück erzählt Cri seinen Traum. Ich staune, denn ich habe exakt dasselbe erlebt.

Omi findet das seltsam. Doch Opa meint, so etwas könne schon mal vorkommen. Was immer wir am Tag erleben, wirkt sich in unseren Träumen aus. Opa hat den Satz kaum zu Ende gesprochen, als Flu in der Küche erscheint und uns einen guten Morgen wünscht.

„Wie ich mich freue, dich wiederzusehen, Flu!" Omi ist ganz aus dem Häuschen.

„Hast du mich vermisst, Omi Wolke?"

„Wir vermissen dich so sehr, wenn wir auch nur einen Tag ohne dich auskommen müssen! Was ich dich schon lange fragen wollte:

Warum bist du gerade in unsere Familie gekommen?"

„Ich bin auf der Erde, um Gutes zu tun und Freude zu schenken. Warum gerade ihr? Flori hat sich so sehr einen Freund gewünscht. Seine Sehnsucht hat mich hergezogen. Cri musste seine übertriebenen Ängste und sein Wehleidigsein verlieren. Außerdem seid ihr beide die besten und liebevollsten Großeltern."

Omi und Opi sind sehr berührt. „Wir möchten dir danken", Flu, auch im Namen unserer Enkel. Wir wünschen uns sehnlichst, dass die beiden zu wertvollen Menschen heranwachsen", sagt Opa. „Du hast unser aller Leben so sehr bereichert. Wir spielen nur eine winzige Rolle im großen Weltgeschehen. Aber wir versuchen zumindest, unsere kleine Welt in Ordnung zu halten und liebevoll zu gestalten."

„Würde jeder Erdenbürger sein Heim und seinen Garten in ein kleines Paradies verwandeln, wäre die Erde bald wieder das wundervollste Schmuckstück im Universum."

„Ehe du kamst", sagt Opa, „haben wir über die Träume unserer Enkel gesprochen. Sie träumten denselben Traum. Hat das eine besondere Bedeutung?"

„Das hat es, Opa Wolke. Die beiden sahen im Traum einen Mann, dem sie sich sehr nahe fühlten, aber ihn trotzdem nicht erkannten."

„Wer ist dieser Mann?"

„Euer Sohn! Der Vater der Buben."

„Hans?! Was ist mit ihm, Flu?", will Omi wissen.

„Die Kinder sahen im Traum den seelischen Zustand ihres Vaters, der sich ja bekanntlich im Körper ausdrückt. Deshalb konnten sie ihn nicht erkennen. Euer Sohn ist ziemlich verzweifelt. Seit Monaten geht er keiner Arbeit mehr nach. Er treibt sich irgendwo herum und kommt nur ganz selten nach Hause."

„Das kann nicht sein! Hans ist kein schlechter Mensch, Flu!"

„Deshalb werden wir ihm auch helfen. Macht euch keine Sorgen. Alles wird gut. Aber ihr sollt Bescheid wissen. Euer Hans hat zu trinken angefangen, um seine Schuldgefühle wegzuschwemmen. Was auf Dauer niemals gelingen kann."

„Schuldgefühle?", schluchzt Omi.

„Bei seinen seltenen Besuchen in der Frühstückspension hat er seiner Frau Geld gestohlen. Er brauchte Geld, um sich mit Alkohol zu betäuben."

„Deshalb ist Magdalena unseren Fragen ausgewichen. Unser Sohn hat die Kinder während der Ferien nie besucht. Jetzt wird mir einiges klar“, klagt Omi.

„Warum, Flu, konnte es soweit kommen? Ich kann es mir nicht erklären“, drängt Opa.

„Hans glaubte, als Vertreter versagt zu haben. Er konnte in letzter Zeit nichts mehr verkaufen. Dieses von Tür zu Tür gehen wurde ihm zur Qual. Er war sich bewusst, dass auf seiner Frau die Sorge um die Pension lastet. Dafür schämte er sich. Also redete er sich ein, versagt zu haben und deshalb habe er kein Recht auf eine Familie.“

Omi schlägt die Hände vors Gesicht und schluchzt. Opa sitzt da, in sich zusammen gesunken und sieht ebenfalls sehr unglücklich aus.

„Hört mir zu! Es wird alles gut. Vielleicht sogar besser, als es je war. Ihr zweifelt doch nicht an meinen Worten?“

„Nein, nein! Vielen Dank!“

„Euer Sohn muss zwar das Seine zu seiner Genesung beitragen, aber er wird es tun. Ihr wisst doch: Je tiefer das Tal, desto höher der Berg und die schöne Aussicht.“ Cri und ich haben ganz aufmerksam zugehört, aber nicht alles verstanden. Der Mann in unseren Träumen soll Papa gewesen sein? Er treibt sich herum, trinkt und bestiehlt sogar unsere Mutti. Doch nicht Papi! Als ich Flu das sagen will, ist er wieder einmal unsichtbar. Omi macht sich am Herd zu schaffen. Opa geht verdrossen in seine Werkstatt. Cri und ich laufen mit Sunbeam zum Bach hinunter. Es will aber keine rechte Lust zum Spielen aufkommen. Also setzen wir uns ans Ufer und hoffen auf Flus Erscheinen.

Obwohl die Sonne am wolkenlosen Himmel steht, werden wir plötzlich von einem Platzregen übergossen, der aber nur kurz dauert. Wir und Sunbeam sind total durchnässt. Während wir noch über den plötzlichen Regenguss rätseln, hören wir Flus helles Lachen.

„Flu, was machst du mit uns?", rufen wir und versuchen aus unseren nassen Kleidern zu schlüpfen.

Plötzlich sind sie gar nicht mehr nass. Auch Sunbeam ist trocken. Er sieht wieder aus wie frisch gebadet.

„Gebt acht, ich nehme euch jetzt mit auf die Reise zu eurem Vater."

„Wo ist Vati?", fragt Cri.

„Er sitzt einige Kilometer von hier entfernt und bedauert sich selbst.. Wir werden gleich bei ihm sein."

„Schnell, Flu, bitte bringe uns zu ihm. Aber wir haben doch kein Auto?", gebe ich zu bedenken.

„Haben wir je eines benötigt?" Flu lacht. „Ihr habt doch nicht unsere Reise auf den Regenbogen vergessen?"

„Genauso werden wir jetzt alle drei zu eurem Vater reisen. Vertraut mir!"

Wir nicken lebhaft. Was immer Flu mit uns vor hat, wir sind zu allem bereit. Hauptsache, Papi kehrt zu uns zurück. Ich sehe, wie Flu seine Hand hebt und schon fühle ich mich federleicht. Cri geht es wahrscheinlich genau so. Sunbeam ist nach Hause gelaufen. Ehe ich mir noch weitere Gedanken mache, befinden sich Cri und ich in einer völlig unbekannten Gegend. Dann sehen wir ihn auch schon, den Mann aus unseren Träumen, von dem wir jetzt wissen, dass es unser Vater ist.

Er sitzt auf einer halb zerfallenen Bank am Wiesenrand. Cri und ich gehen nahe an ihn heran. Da er ruhig sitzen bleibt, nehmen wir an, dass er uns nicht wahrnimmt. Er starrt Löcher in die Luft. Dann wieder seufzt und gähnt er. Plötzlich zieht er eine Schnapsflasche aus seiner Rocktasche und setzt zum Trinken an. Schon nach dem ersten Schluck springt er auf und fängt ganz fürchterlich zu spucken an. Sicher steckt Flu dahinter. Und da ist auch schon seine Stimme:

„Ruft nach ihm! Sprecht zu ihm!"

„Vati", sage ich ein wenig zaghaft, „ich bin es, dein Florian. Cri ist auch da. Wir vermissen dich so sehr. Mutti natürlich auch. Und Omi und Opa. Was machst du hier so ganz allein?"

„Papi!", heult Cri und zupft ihn immer wieder am Ärmel.

„Euer Vater kann euch hören aber nicht sehen. Habt Geduld. Es ist im Augenblick gut so.“

Vati torkelt umher. „Ich höre die Stimmen meiner Kinder! Kann sie aber nicht sehen! Habe ich Hallu – luuu – lationen?“ Er lässt sich auf die Bank fallen und schluchzt.

„Nicht weinen, Vati!“, ruft Cri.

„Seht ihr dort drüben den Rauch aufsteigen?“, fragt Flu.

Wir schauen in die angelebene Richtung. Ein Haus brennt!
„Vati! Es brennt!“, rufen Cri und ich, so laut wir nur können.

Ich bin sicher, Flu kann jedes Feuer in einem einzigen Augenblick löschen. Er tut es nicht, also hat es einen Sinn.
Vati ist aufgestanden und starrt in die Richtung des Feuers. Er greift wie ein Blinder um sich und ruft unsere Namen.

„Wir sind hier, Vati. Möchtest du den Menschen im brennenden Haus helfen?“, dränge ich.

„Ich? Mir hilft auch keiner!“

„Aber wir sind doch hier, Vati! Wir haben dich alle sehr lieb und möchten, dass wir wieder eine glückliche Familie werden.

Doch zuerst musst du den Menschen im brennenden Haus helfen. Bitte, Vati!"

„Tatsächlich, ein Feuer!", stellt Vati fest. „Ich fantasiere nicht.

Er beginnt zu laufen, so gut er es in seinem Zustand vermag. Aber er schafft es. Flus Worte fallen mir ein: Euer Vater muss zu helfen bereit sein. Nur dann kann auch ihm geholfen werden. Cri und ich stehen jetzt auch vor dem brennenden Haus. Es ist unwahrscheinlich heiß. Vati scheint vom Alkohol nicht mehr beeinflusst zu sein, denn er versucht, ins Innere des Hauses zu kommen. Es sieht sehr gefährlich aus.

Mir wird klar, er riskiert in diesem Moment sein Leben für andere. Es dauert eine Weile, bis er mit dem ersten Brandopfer auf den Armen aus dem lichterloh brennenden Haus kommt. Vorsichtig legt er die Frau ins Gras. Dann eilt er zur Regentonne, zieht hastig seine Jacke aus und taucht sie ins Wasser. Er schlüpft wieder hinein und versucht noch einmal ins brennende Haus zu gelangen.

Als Vati mit einem weiteren Opfer aus den Flammen kommt, sieht er furchtbar aus. Die Haare versengt.

Gesicht und Hände schwarz und voller Brandwunden. Vati scheint jetzt so zu sein, wie wir ihn kennen. Hilfsbereit und immer für andere da.

„Vati, Vati!", rufen wir. Jetzt kann er uns tatsächlich auch sehen und erschrickt.

„Cri, Flori! Um Himmels willen, wie kommt ihr nur hierher?" Er wartet unsere Antwort nicht ab. „Wir brauchen einen Rettungswagen. Ich hab kein Handy. Es gibt hier weit und breit kein anderes Haus. Was machen wir nur?"

Nach kurzem Überlegen kniet er neben den Brandopfern nieder und versucht, beruhigend auf sie einzureden. Das Haus brennt noch immer lichterloh.

„Flori, dein Bruder und du, ihr bleibt bei den beiden Brandopfern. Ich laufe, so schnell ich kann und hole Hilfe. Geht aber auf keinen Fall in die Nähe des Feuers! Versprecht mir das! Flori!"

Noch ehe Vati losrennt, geschieht etwas Seltsames. Die beiden, die vorhin noch vor uns im Gras lagen, sind verschwunden. Und dann entschwindet auch das brennende Haus. Von der Brandkatastrophe bleiben nur Vatis zerrissene Kleidung, seine mit Russ bedeckte Haut und die Brandblasen. Vati ruft unsere Namen. Anscheinend kann er uns jetzt nicht mehr sehen, denn sein Rufen wird immer verzweifelter. Vati tut uns leid. Wahrscheinlich glaubt er jetzt, dass er sich das alles nur eingebildet hat.

Aber Cri und ich sind überzeugt, dass alles zu Flus Plan gehört. Was auch geschieht.

Und da zeigt er sich auch schon.

„Euer Vater hat sein Leben zum Wohle anderer eingesetzt. Da er euch beide nicht mehr sehen und hören kann, wird er sich schnellstens auf den Weg zu euren Großeltern machen. Er weiß ja, dass ihr in der Arche eure Ferien verbringt."

Doch dann sehen wir, wie Vati auf die Knie fällt und bitterlich zu weinen beginnt. Zuerst denke ich, er ist durch die Anstrengung völlig fertig. Er ruft immer dasselbe:

„Das brennende Haus! Es war die Arche! Und die beiden Alten, meine Eltern!"

Ich bin aber sicher, dass unsere Großeltern wohlbehalten in der Arche sind und auf unsere Rückkehr warten. Sie vermuten uns ja am Bach.

In seiner Verzweiflung hastet Vati zu der Bank zurück, wo wir ihn gefunden haben. In einiger Entfernung steht sein alter Golf So schnell ihn seine Füße tragen, eilt er zum Auto.

Plötzlich befinden wir uns alle in Omis Küche. Alles ist wie gewohnt.

„War es schön am Bach?", fragt Omi. Zum Glück besteht sie auf keiner Antwort. „Hände waschen!", befiehlt sie!

„Papi kommt auch bald!", verkündet Cri.

Omi wirbelt herum. „Waaas sagst du da?"

„Vati hat zwei Menschen aus einem brennenden Haus gerettet, Omi. Flori und ich waren auch dabei."

Unsere Großmutter plumpst in den nächsten Sessel.

„Was ist mit dir, Erni?", fragt Opa besorgt, der eben zur Tür herein kommt.

„Hans soll zwei Menschen das Leben gerettet haben", murmelt Omi.

Sie hält sich die Hände vors Gesicht. Ich denke, sie weint. Aber warum? Vati hat doch etwas Gutes getan.

„So ein Blödsinn! Gibt es heute nichts zu essen?" Opa setzt sich an den Tisch.

Das Brummen eines Autos ist zu hören. Omi stürzt geradezu ans Fenster.

„Es ist unser Hans!", triumphiert sie. „Wie der aussieht!"

Vati kommt mit großen Schritten den Wiesenweg herauf zur Arche. Als er schließlich vor uns steht, mit weit aufgerissenen Augen, seiner verkohlten Kleidung, Gesicht und Hände voll Russ und Brandblasen. Omi versucht zu sprechen, bringt aber kein Wort heraus. Ich denke, sie hat einen Schock. Auch Opa starrt seinen Sohn an. Er steht auf und geht zu ihm hin.

„Um Himmels willen, Hans, was ist denn mit dir passiert? So red schon!"

„Sind die Kinder bei euch?", fragt Vati.

„Wo sollen sie denn sonst sein? Da stehen sie ja. Was stellst du nur für sonderbare Fragen."

„Flori und Cri haben mir geholfen, euch aus der brennenden Arche zu retten. Was bin ich froh, euch zu sehen! Wie konntet ihr euch so schnell erholen? Ich verstehe das alles nicht!"

„Uns geht es gut, Hans. Und der Arche auch. Das siehst du doch. Wovon redest du, um Himmels willen?"

Stürmisch nimmt uns Vati in die Arme bis wir nach Luft ringen. Wir versuchen loszukommen. Enttäuscht lässt er von uns ab und setzt sich auf den nächsten Stuhl. Vati ist völlig verwirrt. Kein Wunder. Wir sind ja einiges gewohnt. Aber für unseren Papi ist das völlig neu. Ein brennendes Haus, das plötzlich nicht mehr existiert, die Brandopfer, welche er als seine Eltern erkennt und die nun putzmunter vor ihm stehen. Cri und mich, die er vorher nur hört, dann sieht und später wieder nicht. Ich kann Vati gut verstehen.

Für jemand, der Flu nicht kennt, ist das ja auch unbegreiflich.

„Habe ich denn schooon wieeeder Hallu – Hallu..."

„Hast du nicht!" Omi hat sich wieder gefangen.

Endlich begreift auch sie, dass Flu dahinter steckt und ist überzeugt, dass jetzt alles wieder gut wird.

„Was geschieht mit mir?", jammert Papi. „Ich habe mich in dem brennenden Haus durchs Feuer gekämpft. Seht mich doch an! Die Spuren sind deutlich genug. Als ich mich auf den Weg machte, um Rettung und Feuerwehr zu rufen, waren das brennende Haus und die beiden Geretteten verschwunden. Das geht doch alles nicht mit rechten Dingen zu?! Bin ich verrückt?"

Omi stellt ein Getränk auf den Tisch.

„Trink das, Hans! Es wird dir gut tun. Ich richte dir ein Bad. Du verdreckst mir ja die ganze Küche. Brauchen wir einen Arzt, um die Brandwunden zu verbinden?"

„Ich glaube nicht!", zwinkert Opa.

„Ab in die Badewanne! Willi, du rufst Magdalena an, damit sie Hans saubere Wäsche bringt. Die wird vielleicht Augen machen."

Omi scheint plötzlich quitsch vergnügt.

Auch Opa sieht wieder höchst zufrieden aus. Außer Vati wissen wir alle, dass Flu dahinter steckt. Zum Glück war Papi bereit zu helfen! Ich mag den Gedanken gar nicht zu Ende denken, wenn es anders gekommen wäre.

Aus dem Badezimmer hören wir Papis schmerzhafte Schreie. Aus eigener Erfahrung wissen wir, dass Omis Schrubberei nicht gerade angenehm ist. Jetzt steckt sie den Kopf zur Tür herein.

„Kommt Magdalena?"

„Erst morgen früh. Ihr Auto ist in der Werkstatt. Hans muss inzwischen mit meinem Bademantel vorlieb nehmen."

Opa ist groß und schlank. Vati ist kleiner und umfangreicher. O Schreck! Der Bademantel passt hinten und vorne nicht. Omi kichert und reicht Papi eine Küchenschürze, um die Vorderfront zu bedecken.

„So, Hans, mach das Beste daraus!"

Papi bindet sich die Schürze über den Bauch, wo der Bademantel nicht reicht. Er sieht urkomisch aus. Omi bekommt wiederholt ein Kitzeln im Hals, wenn sie ihren Sohn ansieht. Opa geht es nicht anders. Er verzieht sich in seine Werkstatt, da kann er laut lachen, weil ihn niemand hört. Omi macht sich daran, die Küche zu säubern und Papis verkohlte Kleidung zu entsorgen.

Der Nachmittag und Abend verläuft friedlich. Vati kann sich noch immer nicht erklären, was da mit ihm geschehen ist. Auch während der Nacht gibt es keine besonderen Vorfälle. Cri und ich schlafen wie zwei Bären. Wir haben schließlich einen aufregenden Tag hinter uns. Was wir erlebt haben, glaubt uns keiner!

Als Mutti am nächsten Morgen Vatis Kleidung vorbei bringt, starrt sie ihren Ehemann an.

„Was ist geschehen, Hans? Wie siehst du aus?"

„Ich habe zwei Menschen aus einem brennenden Haus gerettet."

„Wo denn?"

„Einige Kilometer von hier", erzählt Vati. Das stimmt ja noch. Doch dann beginnt er zu lügen. „Ich hatte gerade einen sehr guten Abschluss hinter mich gebracht..."

Mutti springt auf. Omi schlägt die Hände überm Kopf zusammen. Cri kichert schamlos. Opa lacht schallend. Ich auch.

„Was ist?", erschrickt Vati.

„Du bist ja ganz grün im Gesicht!", entsetzt sich Mutti.

„Vati hat gelogen!", kreischt Cri und hüpft von einem Bein auf das andere. als ob so eine Lüge das reinste Vergnügen wäre.

„Flu sagt, wer lügt, wird grün im Gesicht!"

Vati macht kugelrunde Augen, springt auf, stolpert ins Wohnzimmer zum großen Spiegel und starrt hinein. Er stößt einen Affenschrei aus und rauft sich den Rest seiner versenkten Haare.

„Was geschieht mit mir?“, jammert er.

„Gar nichts, Hans. Du hast nur gelogen, wie so oft in letzter Zeit, deiner Frau gegenüber. Wenn du als Vertreter so unglücklich warst, warum hast du nie mit uns darüber gesprochen? Wir sind doch eine Familie. Weshalb arbeitest du nicht wieder als Koch? Das hast du doch immer gerne gemacht.“

„Ich habe in dieser Branche keine Arbeit bekommen“, erzählt Vati und er sieht ziemlich belämmert aus. „Ich musste etwas tun, denn von der Frühstückspension allein konnten wir nicht leben. Also habe ich die dargebotene Stelle als Vertreter angenommen. Aber dieses Türschnallendrücken hat mich von Anfang an genervt. Und schließlich hat es mich kaputt gemacht.“

„Wir hätten doch darüber reden können, Hans!“, sagt Mutti. „Du bist weder nach Hause gekommen, noch hast du dich um die Kinder oder deine Eltern gekümmert. Das bist doch nicht du!"

„Ich habe mich geschämt, vor mir und vor euch allen. Später versuchte ich meinen Kummer in Alkohol zu ertränken. Ihr habt keine Ahnung, was hinter mir liegt.“

„Doch, Hans. Wir wissen alles!", behauptet Opa.

„Woher?"

„Du hast nicht nur getrunken, sondern auch gelegentlich deine Frau bestohlen."

„Hör auf, Vater, hör auf! Ich schäme mich ja ohnehin in Grund und Boden."

„Es macht uns traurig, weil du kein Vertrauen zu uns hattest! Hans, ich begreife das alles nicht! Du warst vair ein guter Ehemann und ein guter Vater. Wie kann sich ein Mensch so sehr verändern?"

„Magdalena", sagt Vati mit unendlicher trauriger Stimme, „ich habe versagt auf der ganzen Linie. Es war wie verhext. Ich habe einfach nichts mehr verkauft. Depressionen stellten sich ein, die immer stärker wurden. Ich versuchte, sie mit Alkohol zu dämpfen. Leider kann ich nichts ungeschehen machen. Wenn du mich verlassen willst, Magdalena, verstehe ich das. Wieso ich jetzt hier bin, begreife ich nicht. Vielleicht träume ich das alles nur oder ich bin tatsächlich verrückt geworden."

Omi ist wütend.

„Einfach alles hinter sich lassen! So kennt dich keiner von uns!"

„Mein Selbstwertgefühl ist schon lange im Keller", sagt Vati. „Ich wäre für meine Familie nur eine Belastung. Und das will ich nicht länger sein!"

„Du hast Fehler gemacht, Hans!", sagt Mutti. „Du warst verzweifelt, weil du nicht mehr für uns sorgen konntest. Niemand wird dir etwas nachtragen, wenn du wieder anfängst, der zu sein, der du immer warst. Ein guter Sohn, ein liebevoller Vater und Gatte."

„Die Leute werden reden. Nichts bleibt verborgen. Und alles würde auf meine Familie zurückfallen."

„Lass die Leute reden", rät Opa. „Mit der Zeit wächst Gras darüber."

„Kann schon sein", gibt Vati zu, „aber dann kommt so ein stinkender Ziegenbock und frisst das Gras ab."

„Hans!" Omi stellt sich vor ihren Sohn. „Hör mir zu! Du hast dein Leben für andere eingesetzt, indem du zwei Menschen aus dem Feuer gerettet hast. Im Grunde bist du ein guter Mensch. Ich bin deine Mutter und muss es ja wissen!"

Mutti nickt vielsagend.

„Hans", sagt sie, „ich möchte dir ein Angebot machen: Die Frühstückspension ist in letzter Zeit ständig ausgebucht. Ich konnte unseren Kindern nie die Aufmerksamkeit schenken, die sie gebraucht hätten. Während der Ferien sind sie bei ihren Großeltern bestens aufgehoben. Aber bald fängt die Schule wieder an. Die Erweiterung der Pension bietet sich an. Mittag- und Abendessen eingeschlossen. Dazu brauche ich einen tüchtigen Koch. Das bist du doch! Und du liebst deine Arbeit. Wenn das Geschäft läuft, können wir auch ein oder zwei Mitarbeiter einstellen. Dann hätten wir beide wieder mehr Zeit für die Familie."

„Danke, Magdalena!" Vati strahlt. „Ich werde dich nie wieder enttäuschen. Verzeih mir, bitte!"

„Schon geschehen!" Mutti freut sich auch. Und Opa und Omi. Cri und ich sind ebenfalls total glücklich über Vatis Heimkehr.

„Ach, du lieber, kleiner Flu!" Omi faltet die Hände wie zum Gebet und verdreht die Augen.

Das tut sie immer, wenn sie sich freut oder für etwas sehr dankbar ist.

Vati ist zutiefst berührt. Er hat Tränen in den Augen, als er sich vom Stuhl erhebt und abwechselnd Mutti, dann Opa und Omi und uns beide in die Arme schließt.

Jetzt erste merkt er, dass er noch immer in Opas engen Bademantel mit Omis Schürze steckt.

„Bin gleich zurück", ruft er, greift nach den von Mutti mitgebrachten Kleidern und entschwindet ins Bad.

„Ich bin unendlich dankbar", gesteht Mutti. „Aber verstehen tue ich rein gar nichts, was sich in den letzten Stunden abgespielt hat! Ihr wisst wohl mehr darüber?!", sagte sie mit einem Augenzwinkern.

„Die Schule beginnt erst in drei Tagen, Mutti. Dürfen wir noch so lange hier bleiben?", bange ich.

„Gut, wir holen euch dann am Sonntag Nachmittag", ist Mutti einverstanden. „Und ich hoffe, dass es diesmal ein besseres Schuljahr wird, Flori! Vati und ich haben viel zu besprechen."

Als unsere Eltern sich verabschiedet haben, überkommt mich eine seltsame Traurigkeit.

„So fürchterlich ist die Schule nun auch wieder nicht!", versucht mich Opa aufzuheitern.

„Es ist nicht nur wegen der Schule. Ich werde Flu ganz schrecklich vermissen. Ehrlich, ich kann mir die Tage ohne ihn nicht vorstellen."

„Aber Flori", versucht Omi zu trösten, „die Schule gehört nun mal zum Leben!"

„Tarzan war auch ohne Schule glücklich!", halte ich dagegen.

„Er lebte im Dschungel!"

„Würde ich auch gern!“

Während der letzten Tage in der Arche verdränge ich die Gedanken an die Schule. Cri ist natürlich neugierig. Ihm passiert es ja zum ersten Mal. Der wird sich wundern! Stundenlang stillsitzen, anhören müssen, was einen nicht die Bohne interessiert, schweigen, Hausaufgaben machen. Könnte aber auch sein, meinem Bruder gefällt es und er bekommt ein Superzeugnis. Ich gönne es ihm.

Aber erst einmal abwarten, wie sich die Dinge entwickeln. Unsere Großeltern werden wir auch vermissen. Und sie die Unruhe, die wir jedes Mal mitbringen. Auch Sunbeam muss in die Pension zurück. Er würde uns und wir ihn zu sehr vermissen.

Opa zieht mich auf seinen Schoß. Ich bin zwar kein Baby mehr, aber ich lasse es mir gefallen, weil ich so niedergeschlagen bin, dass mir mein Ehrgefühl total verloren gegangen ist.

„Die Arbeit muss einem Menschen Freude machen, Flori“, versucht mich Opa aufzurichten. „Euren Vati hat eine lustlose Arbeit total aus der Bahn geworfen.“

„Aus der Bahn geworfen?“, staunt Cri. „Hat sich Vati weh getan? Wo wollte er denn hin?“

„Nach Hause!“ Opa lächelt und fügt hinzu: „Gott sei Dank!“

Um die Mittagszeit sitze ich allein am Bachufer. Ich sehne mich unwahrscheinlich nach meinem Freund Flu. Als er sich zeigt, führen wir ein langes Gespräch, das mich beruhigt und glücklich macht. Aber ich werde es keinem verraten. Es ist unser Geheimnis bis zu den nächsten Ferien. Ich habe Flu versprochen, in der Schule mein Bestes zu tun. Und das werde ich auch. Wie oft er sich während des Schuljahrs zeigen wird, hängt von meinen Leistungen ab.

Der letzte Tag in der Arche ist ziemlich turbulent. Als Mutti und Vati ankommen, sehe ich sofort, wie glücklich sie wieder sind. Das macht mich froh, trotz des Abschieds.

„Wie gefällt dir die Arbeit als Chefkoch?", will Opa wissen.

Vati lacht. „Ich freue mich auf jeden Morgen. Und aus meiner Niederlage habe ich gelernt. Irgendwie möchte ich sie nicht missen. Könnt ihr das verstehen? Ohne mein Versagen hätte ich nie begriffen, wie wichtig mir meine Familie ist und welches Glück, sie zu haben. Arbeit ist ein Segen! Aber es muss die rechte sein."

„Hans und ich haben diese paar Tage viel geredet", erzählt Mutti. „Zwischen uns ist wieder alles in Ordnung. Besser, als es je war. Ich war nicht ganz unschuldig an der ganzen Misere. Meine Arbeit hat mich so in Anspruch genommen, dass ich gar nicht gemerkt habe, wie unglücklich Hans durch diesen Vertreterposten geworden ist. So etwas darf nie wieder vorkommen."

„Hast du Vati auch vom Blitze fangen erzählt??", fragt Cri.

„Unser Cri ist ein kleiner Münchhausen geworden", versucht Opa abzulenken.

„Wer ist Münch... Münch...? Du weißt schon, Opa."

„Münchhausen war ein Lügenbaron", klärt Opa seinen Enkel auf.

„Ein Lügenbaron!", brüllt Cri. Wie ein Wahnsinniger hüpft er in der Küche herum. „Ich habe nicht gelogen!", wiederholt er immer wieder. „Ich bin kein Münchner!"

Mutti greift nach Cri, zieht ihn an sich und versucht, ihn zu beruhigen. Aber das ist nicht ganz einfach. Ihn als Lügenbaron zu bezeichnen, hat ihn zutiefst getroffen. Aber Opa hat es doch nicht böse gemeint. Cri ist selbst schuld, weil er den Mund nie halten kann und dadurch andere in Verlegenheit bringt. Andererseits verstehe ich meinen kleinen Bruder. Wir haben so viel erlebt! Wirklich erlebt!

„Märchen zu erzählen ist nicht gelogen", versucht Mutti ihren Sohn zu trösten.

Cri reißt sich los und flüchtet zu Sunbeam. „Ihr versteht rein gar nichts!", schmollt er.

Wie recht er hat! Ich sehne mich nach Flu. Wenn er nicht bald erscheint, gibt es Ärger. Nicht einmal wir, die wir so viel erfahren durften, können alles durchschauen und verstehen. Wie sollen da Papi und Mami zurecht kommen?

Cri kehrt zu Mutti zurück.

„Warum glaubst du mir nicht?", fragt er und sieht dabei traurig aus.

Mutti drückt ihr Nesthäkchen liebevoll an sich.

„Wir versuchen es ja. Nur können wir manches nicht begreifen."

„So ist es!", bestätigt Vati. „Ich rette unter Einsatz meines Lebens zwei Menschen aus einem brennenden Haus. Plötzlich sind Haus und Leute verschwunden. Aber meine Kleider sind verkohlt. Das ist weder ein Märchen noch eine Lüge. Was ist es dann? Wie lässt sich so etwas erklären?"

„Aber diese Erlebnisse haben uns wieder zusammengeführt", meint Mutti und greift nach Vatis Hand.

„Vielleicht liegt darin der Sinn?! Könnte doch sein!"

„Das ist gut möglich", mischt sich Opa ein. „Nein! Es ist ganz sicher so. Aber lasst uns jetzt nicht weiter darüber nachdenken. Irgendwann wird sich alles aufklären."

Cri ist versöhnt. Und schon wieder schnattert er:

„Das Blitze fangen war am lustigsten. Der Besuch auf dem Regenbogen am schönsten."

„Ja, ja, mein kleiner Held!", sagt Mutti mit einem verschmitzten Lächeln.

Flu lässt sich noch immer nicht blicken. Ich konzentriere meine Gedanken ganz stark auf ihn. Ich will ihn unbedingt noch einmal sehen. Und dann geschieht es urplötzlich. Wie ein Wirbelwind fegt er zu uns in die Küche. Aber vor uns steht nicht unser lieber kleiner Flu, sondern ein hochgewachsener, junger und wunderschöner Mann. Er trägt eine weiße Tunika und sieht aus wie ein griechischer Gott. An verschiedenen Stellen ist sein Gewand mit Edelsteinen besetzt. Ich kenne solche Bilder aus Opas Geschichtsbüchern. Im Raum ist es ganz still. Wir fühlen es alle, denke ich: Von dieser Gestalt strahlt etwas aus, das uns mit unvorstellbarer Freude erfüllt.

„Flu, bist du es?", murmelt Opa aufs höchste erstaunt. „Sehen so die Menschen der Zukunft aus? Über alle Massen schön und ohne Alter??!"

Dann diese uns so wohlbekannte Stimme:

„Ja, ich bin es! Habt ihr vergessen, dass ich jeden Körper annehmen kann? Ich wollte niemand erschrecken. Deshalb wählte ich diese Form. Gefällt sie euch?"

„So was von schön!", ruft Omi und riskiert einen Seitenblick auf unsere Eltern. „Wie kann ein Mensch nur so schön sein?"

Uns bleibt keine Zeit, darüber nachzudenken. Cri benimmt sich wieder einmal sonderbar. Irgend etwas Ungewöhnliches geht in ihm vor. Ich sehe es an seinem Gesichtsausdruck. Und dann die große Überraschung. Cri ist mit einem Satz bei dem schönen Jüngling, reißt und zerrt an seinem Gewand und schreit, so laut er nur schreien kann:

„Ich will meinen Flu wieder haben! Wo ist mein lieber Flu?! Unser Kleiner aus dem Weltenall! Meinen Flu will ich wieder haben!"

Der schöne Mann lächelt. Liebevoll legt er seine Arme um Cri. „Schon gut, mein kleiner Freund."

Augenblicklich löst sich der Körper des jungen Griechen auf Die schöne Gestalt entschwindet ganz einfach. Und schon steht Flu vor uns, wie wir ihn kennen und lieben gelernt haben. Mit diesen übergroßen, dunklen Augen Wir alle freuen uns und sind glücklich. Nur unsere Eltern schauen völlig entgeistert drein.

„Bin ich tot und im Himmel?", murmelt Mutti total verwirrt.

„Aber nein, Magdalena!", meint Opa sichtlich vergnügt.

Cri umklammert freudestrahlend seinen Flu.

„Mutti und Vati sind ganz übergerascht!", verkündet er.

„Überrascht!", verbessert Omi. „Kannst du dir das nicht endlich merken, Kleiner?"

Mutti und Vati klammern sich aneinander.

„Ist das ein Außerirdischer?", flüstert Mutti. „Will er uns entführen? Ich habe Angst!"

„So etwas darfst du nicht einmal denken.. Flu ist unser aller Freund", übernehme ich Flus Verteidigung, obwohl ich weiß, dass er sich selbst am besten helfen kann. Aber ich bin wütend. „Flu tut keiner Fliege was zuleide!"

„Keiner – Fliiie – ge?", stottert Vati. „Aber wir sind keine Fliegen."

„Er soll weg gehen! Geh weeeeg!", heult Mutti.

Jetzt rastet Omi aus.

„Hast du den Verstand verloren, Magdalena?!", kreischt sie. „Du kannst ja gehen, wenn du willst. Und Hans auch. Aber unseren Flu schickt ihr nicht fort. Wir lassen auch niemals zu, dass er beleidigt wird!" Omi hat sich sehr aufgeregt und ist rot wie eine Tomate. Da greift Flu ein:

„Ich verstehe die Aufregung!“, versucht er zu beruhigen. Schließlich bin ich gekommen, um Freude zu bringen und um zu helfen. Niemand wir entführt. Ich bringe keine Angst. Nur manche Überraschung und ein Gefühl der Freiheit, welches auf der Erde zur Zeit noch nicht Wirklichkeit geworden ist.“

Mutti sinkt in ihrem Sessel in sich zusammen. Tränen kollern ihr über die Wangen. „Mein kleiner Cri hat die ganze Zeit die Wahrheit gesagt!“, schluchzt sie. „Ich habe das alles als Fantasie abgetan.“

„In Zukunft wird sich auf der Erde vieles verändern“, ist da wieder Flus beruhigende Stimme. „Es werden Sonnenmenschen aus anderen Welten kommen, um der Erde und ihren Bewohnern beizustehen. Was ihr erlebt habt, ist nur der Beginn einer großen Wandlung der Erde und ihrer Bewohner.“

Cri umklammert Flu noch immer. Den Kopf hält er nach oben, um in sein Gesicht sehen zu können. Es ist soviel Liebhaben in diesem Blick, dass wir alle sehr berührt davon sind.

„Mich so zu erschrecken, Flu!“

„Habe ich dir denn als junger Mann nicht gefallen?“

„Gefallen schon“, sagt Cri. „Aber so einen feinen Pinkel kann ich nicht knuddeln und furchtbar lieb haben.“

„Aber ich bin immer derselbe, auch in einem anderen Körper. Sollen wir es deinen Eltern beweisen? Nun, mein kleiner Freund, was meinst du?"

Cris Augen beginnen zu funkeln. Ich bin ebenfalls für ein neues Abenteuer zu haben. Opa und Oma sind auch bereit. Ich denke, plötzlich ist es uns egal, ob sich unsere Eltern dagegen wehren oder auch nicht. Wir glauben an Flu und das felsenfest und wir verlassen uns auf ihn.

„Begeben wir uns in die sogenannte Zukunft, obwohl sich alles im Augenblick abspielt. Aber für euch Erdenbewohner ist das noch nicht ganz einfach zu verstehen", versucht Flu zu erklären und ist gleich darauf wieder einmal unsichtbar. Ich riskiere einen Blick auf Vati und Mutti. Sie sitzen da, als ob sie mit offenen Augen träumten. An Flus Stelle steht jetzt ein junger Mann. Es ist aber nicht der von vorhin. Irgendwie kommt er uns allen sehr vertraut vor. Omi erkennt ihn zuerst.

„Ja, ja, potztausend! Das ist ja unser – unser Cri!" So sieht er in zwanzig Jahren aus!"

Nach einer Weile löst sich die Gestalt auf. Und schon rollt die nächste Überraschung an.

„Ich habe Durst!", sagt eine Stimme, die aus der Hundeecke kommt. Spontan wenden sich alle Blicke dorthin. Sunbeam hebt den Kopf und wiederholt: „Ich habe Durst! Ich habe Durst, ihr Pfeifen! Meine Wasserschüssel ist leer. Sieht denn das keiner?"

Unsere Großeltern verkneifen sich das Lachen. Sie beobachten die Reaktion von Vati und Mutti. Es hat den Anschein, die beiden können sich vor Schreck nicht rühren. Und die Sprache hat es ihnen auch verschlagen. Sie sitzen nur da mit weit aufgerissenen Augen und starren zu Sunbeam hin. Vati fasst sich zuerst:

„Bin ich schon wieder betruuunken? Ich höre den Hund sprechen! Ehrlich. Sunbeam hat beim Sprechen den Mund auf- und zugemacht. Ich haaabe es ganz deutlich geseeeehen."

„Das ist so üblich beim Sprechen." Opa kichert über die fassungslosen Gesichter der beiden.

„Wird's bald!", meldet sich Sunbeam wieder. „Was ist, Magdalena!"

Opa kann sich das Lachen nicht mehr verkneifen. Schließlich fordert er seine Schwiegertochter auf:

„Hast du gehört, Magdalena? Sunbeam möchte, dass du ihm Wasser bringst."

„Das ist ein Trick", sagt Mutti. „Habt ihr noch nie etwas von Bauchrednern gehört." Sie sieht jetzt gar nicht mehr so verschreckt aus.

„Du bist unbelehrbar, Magdalena", meldet sich jetzt Oma.

„Ich kann euch ja verstehen. Mir ging es am Anfang auch nicht besser."

Mutti steht tatsächlich auf, holt die Wasserschüssel, füllt sie und bringt sie zurück. Sie zögert, das Wasser hinzustellen. Sunbeam hebt den Kopf und sieht sie an. „Feigling!" Mutti lässt vor Schreck die Schüssel fallen. Wir erstarrt bleibt sie vor dem Hund stehen. „Und so etwas nennt sich Mensch!", sagt Sunbeam. „Da muss schon noch einiges geschehen, bis ihr dort seid, wo ihr hingehört. Meinst du nicht auch, Magdalena?"

„Er kennt mich!", entsetzt sich Mutti.

„Natürlich, Sunbeam ist dein Hund!" Opa bereitet das alles sichtbar Vergnügen. Es tut gut, dass die Heimlichtuerei nicht mehr sein muss.

Muttis Hände zittern. Auch ihre Knie scheinen nachzugeben. Vati kommt ihr zu Hilfe und führt sie zu ihrem Sessel zurück.
Omi wischt das verschüttete Wasser auf und bringt frisches.

„Danke schön, Omi Wolke!"

„Der Hund sagt Omi zu dir!", staunt Vati. „Ist das eine Welt! Ich stehe total daneben."

„Das kommt schon noch", sagt der Hund und schlürft die Schüssel leer. Dann legt er sich hin und beginnt zu schnarchen.

Endlich zeigt sich Flu wieder in seiner uns so liebgewordenen Gestalt. Der Gedanke allein, die nächsten Tage und Wochen ohne Flu auskommen zu müssen, macht mich unsagbar traurig. Flu lächelt mir zu und mir wird so wohl und warm.

„Ich möchte dir danken, Flu", wispere ich. Cri schmiegt sich wieder an Flu und zeigt ihm auf seine Art, wie lieb er ihn hat. „Bleib bei uns!", flehe ich. „Abschiednehmen tut so weh und macht traurig."

„Es ist kein Abschied", erwidert Flu. „Auch wenn ihr mich nicht seht, ich bin hier und überall. Und es gibt auch wieder Ferien! Bis dahin wird sich noch einiges ändern."

Ich habe keine Ahnung, was Flu damit meint. An mir und Cri braucht er nichts zu ändern. Wir sind jung und schön. Zumindest ich. Cri mit seiner Stehfrisur und den unzähligen Sommersprossen, naja. Das ist Ansichtssache. Omi will es auch wissen. Deshalb fragt sie:

„Was wird sich denn ändern, Flu?"

„Es hat bereits begonnen, die ersten kleinen Kreise ziehen immer weitere nach sich. Immer mehr Menschen erkennen, wie alles Leben miteinander verbunden ist. Und wer anderen ein Leid zufügt, dies auf ihn selbst zurückfällt. Sonnenmenschen werden kommen, um zu helfen, denn die Erde wird sich erneuern. Die Worte aus Mozarts Zauberflöte werden immer besser verstanden werden: ‚Der, welcher wandelt diese Straße voll Beschwerden, wird rein durch Feuer, Wasser, Luft und Erden!‘. Das ist der Beginn des Weltfriedens."

Es ist ganz still im Raum. Alle sind wir zutiefst berührt. Ehe wir unsere Sprache wieder finden, ist Flu unsichtbar.

„Er ist gegangen!", klagt Omi. „Also doch ein Abschied!"

„Flu, komm bitte, bitte zurück!", heult Cri und klettert auf Opas Schoß. Vati und Mutti sitzen ganz still. Opa drückt seinen Enkel an sich. Er versucht auf diese Art, seinen eigenen Abschiedsschmerz in den Griff zu bekommen. Von mir und Omi möchte ich gar nicht reden. Ich nehme mir vor, im kommenden Schuljahr mein Bestes zu geben. Flu zuliebe. Uns allen zuliebe.

Es bleibt die Vorfreude auf die nächsten Ferien. Sicher gibt es dann neue Abenteuer.

Omi richtet das Abendbrot. Aber niemand verspürt Hunger. Nicht einmal Cri. Und das will was heißen.

„Es ist kein Abschied für immer", versucht Omi zu trösten und wischt ihre Tränen verstohlen fort. „Wir durften während der Ferien soviel erleben. Lasst uns dankbar sein!"

Opa steht auf. „Kommt mit ins Wohnzimmer! Ich möchte euch mein neuestes Werk zeigen."

Schweigend folgen wir ihm. Und dann die große Überraschung! „Donnerwetter!", ruft Omi.

Wir bestaunen die Statue!! Flu, unser geliebter Flu, steht da vor uns, aus Lindenholz geschnitzt, auf einem Tischchen und streckt uns seine Arme entgegen. In den offenen Handflächen liegen plötzlich Rosenblätter, obwohl es zur Zeit gar keine Rosen mehr gibt, welche diesen wundervollen und ungewöhnlich starken Duft ausstrahlen. Wohl ein letzter Gruß.

„Da ist dir aber ein totales Meisterwerk gelungen, Vater!", lobt Papi.

Wir stehen noch eine Weile schweigend vor der Statue. Sie wirkt so lebensnah, dass ich mich wundere, warum sie nicht gleich zu sprechen anfängt.

„Freundschaft", unterbricht Opa die Stille, „ist nicht nur ein köstliches Geschenk, auch eine Herausforderung, das unsere beizutragen, damit wir sie behalten dürfen."

Wir alle sind zugleich glücklich und traurig. Das ist ein ganz seltener Zustand, den es eigentlich gar nicht gibt. Und doch empfinden wir so.

„Kommt jetzt!", fordert uns Vati auf. „Es muss sein!"

„Und denkt daran", versucht Omi zu trösten, „wir alle sehen uns wieder. Die Freude wird dann riesengroß sein!"

Schließlich stehen wir mit Sack und Pack vor der Arche. Auch der Abschied von den Großeltern fallt uns Kindern schwer. Es waren die ungewöhnlichsten Ferien, auch für Opa und Oma. Das verbindet auf eine ganz ungewöhnliche Weise. Wir umarmen einander ganz fest. Und dann gehen wir den Wiesenweg hinunter zum Auto.

„Das war ein Nachmittag wie hundert Jahre!", sagt Vati.

Cri heult nun doch. Sunbeam knurrt. Er ist auch lieber in der Arche, als in der Pension. Ich versuche, meine Tränen zurückzuhalten, wegen des guten Beispiels. Aber ich werde mir immer und immer wieder vorsagen: Die nächsten Ferien mit FLU kommen bestimmt. Und darauf freue ich mich schon jetzt.

Empfehlungen des Verlags

DIE MAGISCHE GEGENWART

Die ewig gültige Lehre der ‚ICH BIN Gegenwart' wurde dem Autor Godfré Ray King in den 30er Jahren von dem Aufgestiegenen Meister Saint Germain in zahlreichen persönlichen Begegnungen übermittelt. Die in diesem Buch geschilderten Berichte wahrer Meisterbegegnungen und Belehrungen tragen eine Liebe, Reinheit und Schönheit in sich, die das Bewusstsein des Lesers erweitern und ihn in die Einheit mit der schöpferischen Gotteskraft, dem ‚ICH BIN' zurückzuführen vermögen.

ISBN 978-3-945019-95-5 • €19,95

ICH BIN- 33 Reden von Saint Germain

In diesem Buch werden die 33 Reden von Saint Germain allen Menschen zugänglich gemacht. Die 33 Reden haben eine immer wichtigere Bedeutung für die suchenden Menschen der heutigen Zeit. Sie weisen einen klaren Weg, heraus aus der weltweiten Orientierungslosigkeit hin zur Selbstfindung. Zum Erkennen der eigenen Schöpfungskraft, der ICH BIN Gegenwart in uns. Wenn wir die 33 Reden studieren, anwenden und leben, und das muss jeder selbst tun, dann vollzieht sich der Beweis der Wahrheit.

ISBN 978-3-925612-55-8 • €19,00

ENTHÜLLTE GEHEIMNISSE

Das große Geheimnis der mächtigen ICH BIN Gegenwart – der Göttlichkeit in jedem Menschen – wird hier anschaulich und eindrucksvoll geschildert. Durchgaben des großen Meisters SAINT GERMAIN.
In großer Liebe ermahnt er jeden Leser, die universellen Kräfte unserer Gedanken und Worte nur positiv zu gebrauchen. Er lässt uns die großen Möglichkeiten des Mensch-Seins bewusst werden.

ISBN 978-3-925612-16-9 • €15,30

MEIN GÖTTLICHER AUFTRAG

Ein Tätigkeitsbericht über den Geistheiler, Priester, Medium, Künstler, Fotograf und Verleger Hanns-Joachim Starczewski. Zusammengestellt von seiner Mitarbeiterin Claire Ajchenrand mit Berichten von geheilten Menschen.
Der Metaphysiker und Geistheiler ist ein Heilkanal Gottes, der seine Grenzen kennt, denn er ist ein Medium. Hilfesuchende aus aller Welt, die von den Ärzten aufgegeben wurden, werden durch GOTT geheilt.

ISBN 978-3-925612-25-1 • €11,30

AUS DER SICHT DER MEISTER

Die Meister der Weisheit fördern die Evolution der Menschheit auf unzähligen Wegen. Sie erfüllen die verschiedenen Religionen mit spiritueller Energie, damit die Andächtigen sich in den Gnadenmitteln daran laben können. Sie senden kraftvolle Gedankenformen aus, um die Besten in jedem Bereich zu Erfindungen, Entdeckungen und schöpferischer Arbeit zu inspirieren. Ihren Schülern und Helfern legen Sie nahe, welchen Aufgaben sie sich widmen sollten. In diesem Buch sprechen neun der Meister über ihre Arbeit.

ISBN 978-3-925612-48-0 • €11,20

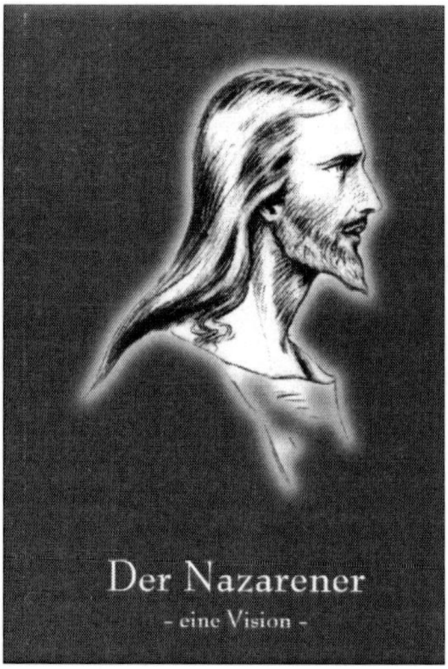

Der Nazarener – Eine Vision

Wer war Jesus von Nazareth? War er ein großer Yogi, wie die Inder ihn sehen? War er einer derr großen Eingeweihten der Arkanwissenschaften, wie Theosophen und Okkultisten behaupten? Ein Medium und Geistführer höchsten Grades? Einige kraftvolle neue Gleichnisse und zahlreiche Erklärungen zu Problemen des täglichen Lebens in diesem Buch werden Aufschluss geben. Dieses Buch hat die Kraft, mit vielen Missverständnissen in Bezug auf das Christentum aufzuräumen, und es ist ein wertvoller Beitrag zu einer gelebten Spiritualität.

ISBN 978-3-925612-49-7 • €10,20